dtv

Herausgegeben von Martin Sulzer-Reichel

Peter Staengle, geboren 1953 in Heidenheim/Brenz, studierte Germanistik und Philosophie an der Universität Heidelberg, wo er auch 1986 promoviert wurde. Er ist Mitherausgeber der seit 1988 erscheinenden Brandenburger Kleist-Ausgabe (bisher sind 12 Bände erschienen) und Lehrbeauftragter am Germanistischen Seminar der Universität Heidelberg .

Heinrich von Kleist

von Peter Staengle

Deutscher Taschenbuch Verlag

Weitere in der Reihe **dtv portrait** erschienene Titel
am Schluß des Bandes

for Mienchen & Pienchen

Originalausgabe
September 1998
© Deutscher Taschenbuch Verlag GmbH & Co. KG, München
Umschlagkonzept: Balk & Brumshagen
Umschlagbild: Ausschnitt aus der Miniatur ›Heinrich von Kleist‹ (1801)
von Peter Friedel (© AKG, Berlin)
Layout: Matias Möller, Agents – Producers – Editors, Overath
Satz: Matias Möller, Agents – Producers – Editors, Overath
Druck und Bindung: APPL, Wemding
Gedruckt auf säurefreiem, chlorfrei gebleichtem Papier
Printed in Germany   ISBN 3–423–31009–X

Inhalt

Steckbrief   7

Standesgemäß programmiert (1777–1799)   11

»Der seltsame militärisch-akademische Zwitter« (1799–1801)   27

»Erscheinung eines neuen Dichters« (1801–1804)   57

Staatsdienst und Gefangenschaft (1804–1807)   73

Dresden, Prag 1807–1809   83

Berlin 1810/1811   117

Zeittafel   152
Bibliographie   154
Bildnachweis   156
Register   157

1 Das ›Dilettantenportrait‹ Heinrich von Kleists entstand während seiner französischen Gefangenschaft auf der Jura-Festung Fort de Joux im Jahr 1807 und ist wahrscheinlich eine der beiden einzigen authentischen Darstellungen des Dichters. Das Portrait trägt folgende Beschriftung: »Henry de Kleist Poète Prussian«. Auf der Rückseite steht der Vermerk : »511. p Surveill. milit. Pers. susp.«

𝔖𝔱𝔢𝔠𝔨𝔟𝔯𝔦𝔢𝔣

Name: Bernd Heinrich Wilhelm von Kleist.
Lebensdaten: Geburtsort: Frankfurt an der Oder; Geburtsdatum unsicher: laut Kirchenbuch und Taufzeugnis am 18.10.1777, 1 Uhr nachts, nach eigener Aussage am 10.10.1777. – Tod durch Selbstmord (Pistole, Fabrikat ›Lazarino Cominazzo‹) am 21.11.1811, gegen 16 Uhr, bei Potsdam (›Neuer Krug‹ am Kleinen Wannsee); zuvor Erschießung (Tötung auf Verlangen) der einunddreißigjährigen Henriette Sophie Adolphine Vogel, geb. Keber (hinterläßt Ehemann und neunjährige Tochter). Begraben daselbst (Denkmal!).
Körpergröße: 5 Fuß 3 Zoll [= 1,70 m] (1807) • 5 Fuß 6 Zoll (1811).
Gesichtsbildung: Nase klein, Mund mittelgroß, Kinn rund, Gesicht oval.
Haarfarbe: kastanienbraun (1807) • schwärzliche Haare, schwärzlicher Bart (1811).
Augenfarbe: blau.
Gesamterscheinung: kräftig, aber nur im treuherzigen Lächeln seiner Augen anmutig • von mittlerer Größe und ziemlich starken Gliedern (1808) • ein untersetzter Zweiunddreißiger, mit einem erlebten runden, stumpfen Kopf, gemischt launig, kindergut, arm und fest (1810).
Gesundheitszustand: kränkliche Konstitution (angeblich mit einem »chronischen Übel« behaftet [1806]); gute Zähne.
Sprechweise: »Da in seinem Äußern etwas Finsteres und Sonderbares vorherrschte, so gab ein Fehler am Sprachorgan seinem Eifer in geistreichen Unterhaltungen einen An-

---

Klingt der Name Heinrich nicht immer schon an und für sich nach irgend etwas Rechtschaffenem, Immergrünem, nach etwas unausrottbar Deutschem, Jungem? Wie seine Hände ausgesehen haben mögen? Trug er einen hohen oder flachen Hut, und ließ er jeweilen seine auf mannigfaltige Art benützten Schuhe rechtzeitig bei einem Schuhmacher sohlen?
Robert Walser, 1936

schein von eigensinniger Härte, die seinem Charakter wohl nicht eigen war. Wie ein der Meerestiefe entsteigender Taucher sich wenigstens in den ersten Augenblicken nicht auf alles Große und Schöne besinnt, was er in der Wasserwelt gesehen, und es nicht zu erzählen vermag, so schien es bisweilen bey Heinrich von Kleist der Fall zu seyn« (1805/06) • eine etwas schwere Zunge (1808) • eine gewisse Unbestimmtheit in der Rede, die sich dem Stammern nähert und in seinen Arbeiten durch stetes Ausstreichen und Abändern sich äußert (1810).

Angehörige: Vater Major († 1788), Mutter Hausfrau († 1793), Tante (1793 bis zu ihrem Tod 1809 Haushaltsvorstand). Sechs Geschwister: zwei Halbschwestern (aus erster Ehe des Vaters), drei leibliche Schwestern, ein jüngerer Bruder (Offizier, nachmals Postmeister).

Familienstand: ledig; Frühjahr 1801 bis Frühjahr 1802 inoffiziell verlobt.

Vorstrafen: 1807 irrtümlich der Spionage verdächtigt (zunächst in verschärfter Kerkerhaft, dann Kriegsgefangener).

Konfession: protestantisch, getauft 27.10.1777, konfirmiert 20.6.1792.

Fremdsprachen: Französisch, Latein, Altgriechisch.

Vermögensverhältnisse: »Schnorrer« (1803) • kleines Erbteil • 400 Taler durch Vermächtnis der Tante (1809) • Anteil aus Mieteinnahmen (Vermietung des Elternhauses).

Ausbildung: Hauslehrer • kurzzeitig Internat und vielleicht hugenottisches Gymnasium • autodidaktische Studien • dreisemestriges Universitätsstudium (1799/1800) • Verwaltung (Hospitanz 1800/01) • Deklamationsunterricht (1803) • Besuch volkswirtschaftlicher Vorlesungen (1805).

Es giebt Menschen, wie die ersten Arabesken; man versteht sie nicht, wenn man nicht Raphael ist.
Berlin, d. 11ᵗ Aprill 1801. Heinrich Kleist.
Albumblatt für Minna Clausius

Berufliche Tätigkeiten: ab 1802 überwiegend freier Schriftsteller (drei Theaterstücke von ihm bis 1811 uraufgeführt; er hat keine Aufführung gesehen) • Offizier (1792–1799; letzter Rang: Sekondeleutnant) • Sekretär bei dem Schriftsteller Christoph Martin Wieland (Anfang 1803) • Verwaltungsangestellter (1805/06) • Zeitschriften- (1807/09) und Zeitungsherausgeber (1810/11).

Charakter: sehr melancholisch und finster, spricht sehr wenig (1799) • gemütliches, zuweilen schwärmerisches, träumerisches Wesen, worin sich immerdar der reinste Seelenadel offenbart (1802) • etwas Rätselhaftes und Geheimnisvolles, das tiefer in ihm zu liegen scheint, als daß man es für Affektation halten könnte (1803) • überspannter Mensch (1803) • mit naturkräftigen, zugleich aber wie von einem schmerzhaften, inneren Weh gebundenen Schwingen (1808) • keinen Strahl von Zärtlichkeit, also von Sicherheit, wirft sein Auge (1810) • eine eigentümliche, ein wenig verdrehte Natur, wie das fast immer der Fall, wo sich Talent aus der alten preußischen Montierung durcharbeitete (1810) • ein sehr kurioser, guter, grober, bornierter, dummer, eigensinniger, mit langsamem Konsequenztalent herrlich ausgerüsteter Mensch (1810) • das Unglück und die Gedrücktheit spricht sich in seinem zerrissenen Wesen sehr deutlich aus, ungeachtet er immer viel spricht und lacht (1810).

Vorlieben: nach Zeugenaussage einer der größten Virtuosen auf der Flöte und der Klarinette; passionierter Pfeifenraucher.

Abneigungen: haßt Katzen.

Portraits: authentisch sind allein die Miniatur – wahrscheinlich von Peter Friedel –, die Kleist (»ich wollte er

---

Alles Vortreffliche führt etwas Befremdendes mit sich, am meisten in Zeiten, wo die Wunder der Poesie der großen Mehrzahl der Menschen auf Erden fremd geworden sind.
›Berliner Abendblätter‹, 29. Dezember 1810

hätte mich ehrlicher gemalt«) im Frühjahr 1801 für Wilhelmine von Zenge hat anfertigen lassen, sowie das Ölbild eines unbekannten Dilettanten aus dem Jahr 1807. Die Echtheit aller übrigen Bilder, die für sich in Anspruch nehmen, den gemeinten Kleist tatsächlich darzustellen bzw. nach dem lebenden Original entstanden zu sein, ist umstritten.

Dichtende Verwandtschaft: Ewald Christian von Kleist (1715–1759); Franz Alexander von Kleist (1769–1797): »Seltsam ist es doch mit den drei Dichtern aus dem Kleistschen Hause. Alle so früh im Grabe, und jeder gewissermaßen durch die Todesart sein Zeitalter ausdrückend. Der erste gefallen im glorreichsten preußischen Kriege [Siebenjähriger Krieg], fromm und pflichttreu bis auf das letzte, der zweite in wüster Ausschweifung untergegangen noch vor dem Sterben, der dritte [Heinrich] in philosophischer Kraft, mit edler Besonnenheit, verirrt hinabgestiegen, einer der herrlichsten Selbstmörder, die es je gegeben hat, nicht ohne Ahnung von Religion.« (Friedrich de la Motte Fouqué, 1811).

Achtung: Verwechslungsgefahr: 1806 führt die preußische Armee 50 Offiziere mit Namen ›Kleist‹ (siehe auch »Vorstrafen«).

Nachruhm! Was ist das für ein seltsames Ding, das man erst genießen kann, wenn man nicht mehr ist? O über den Irrthum, der die Menschen um zwei Leben betrügt, der sie selbst nach dem Tode noch äfft!
An Wilhelmine von Zenge, 15. August 1801

Standesgemäß programmiert

Familienbande

Das Leben Heinrich von Kleists, streckenweise nur in mehr oder minder deutlichen Umrissen erkennbar, beginnt mit der Rätselfrage nach dem genauen Geburtstag. Kleist selbst nennt als Datum den 10. Oktober. Das Kirchenbuch der Garnison Frankfurt/Oder sowie Kleists Taufzeugnis halten demgegenüber gleichlautend fest, daß Bernd Heinrich Wilhelm, Sohn des Joachim Friedrich von Kleist, »Capitän des hochfürstlich Leopold von braunschweigschen Regiments«, am 18. Oktober 1777 »nachts um 1 Uhr« zur Welt kam. Derlei Ungereimtheit begegnet in dieser Zeit des öfteren, Kleist ist durchaus kein Einzelfall. So gab etwa der Autor des Theorieklassikers ›Vom Kriege‹, Carl von Clausewitz, zeitlebens ein Geburtsdatum an – es ist auf seinem Grabstein verewigt –, das ihm eine vorzeitige Aufnahme ins Militär ermöglichte und nicht mit den Angaben im Taufregister übereinstimmt. Den ersten Hinweis auf die kirchlichen Dokumente zu Kleist und zu seinen nächsten Verwandten verdanken wir einem 1876 gedruckten Leserbrief des wackeren Frankfurter Prorektors Rudolf Schwarze. Seither weiß man wenigstens zuverlässig das Geburtsjahr und damit vor allem, daß die Theateraufführungen und Gedenkartikel, mit denen 1876 Kleists 100. Geburtstag hie und da begangen wurde, vielleicht gut gemeint, ganz gewiß aber auf den falschen Zeitpunkt gelegt waren.

2 Kleists Taufzeugnis (Detail)

Kleist entstammt einem alten pommerschen Adelsgeschlecht slawischen Ursprungs, dessen Stammbaum lückenlos bis ins Jahr 1477 zurückreicht und das der brandenburgischen und der preußischen Armee – einige auch in dänischem und französischem Dienst – zahllose Offiziere gestellt hat, unter ihnen Generäle und Generalfeldmarschälle. Sprichwörtlich geworden ist die Familie freilich nicht durch ihren militärischen Eifer. Vielmehr: »Alle Kleists Dichter«, wie ein überliefertes preußisches *bon mot*, nicht ohne Ironie, wissen will. Wahr daran ist, daß die Sippe neben Heinrich

noch zwei weitere Poeten, Offiziere auch sie, hervorgebracht hat: den im Siebenjährigen Krieg gefallenen Lyriker Ewald Christian von Kleist, dem von seinem Freund Gotthold Ephraim Lessing in der Figur des tugendsteifen Majors Tellheim (›Minna von Barnhelm‹) ein Denkmal gesetzt wurde, und den zu Lebzeiten geschätzten, heute vergessenen Franz Alexander von Kleist.

Kleists Vater Joachim Friedrich (1728–1788), der nach abgebrochenem Universitätsstudium die standesübliche Laufbahn in der Armee eingeschlagen hatte – für die Söhne des Adels ohne nen-

3 Das Wappen der Familie Kleist

Altersgenossen:
1773: Ludwig Tieck († 1853). Wilhelm Wackenroder († 1789).
1774: Caspar David Friedrich († 1840).
1775: Friedrich Wilhelm Schelling († 1854). Jane Austen († 1817).
1776: E. T. A. Hoffmann († 1822).

nenswerten Grundbesitz gab es kaum andere Karrierechancen –, war Bataillonschef in Frankfurt/Oder. Diese bescheidene Position hatte er spät erreicht. Er war zweimal verheiratet. Aus der ersten Ehe, die er als zweiundvierzigjähriger mit der fünfzehnjährigen Karoline Luise von Wulffen (1755–1774) schloß, hatte er zwei Mädchen, Wilhelmine (1772–1817) und Ulrike (1774–1849). Nach dem frühen Tod seiner Frau – sie starb bei Ulrikes Geburt – vermählte er sich mit der 18 Jahre jüngeren, aus niederlausitzischem Adel stammenden Juliane Ulrike von Pannwitz (1746–1793). Sie schenkte ihm fünf Kinder: 1775 bzw. 1776 Friederike († 1811) und Auguste († 1818), beide später mit Vettern verheiratet, Heinrich, 1780 den zweiten Sohn, Leopold († 1837), der nach seinem Abschied als Offizier Postmeister in Pommern werden sollte, und das 1784 geborene Nesthäkchen Juliane († 1856). Auguste, »Gustchen« und »Gustel« genannt, scheint Kleist in den ersten eineinhalb Jahrzehnten seines Lebens von allen Geschwistern am nächsten gestanden zu haben. Danach wurde Ulrike zum bevorzugten Familienmitglied – ihr Verhältnis sollte nie ganz ungetrübt sein.

4 Kleists Vater Joachim Friedrich von Kleist

Die Familie, die über ein nur bescheidenes Vermögen verfügte – die Mutter hatte kein Geld in die Ehe mitgebracht –, bewohnte eines der stattlicheren Häuser im damaligen

---

1777: Friedrich de la Motte Fouqué († 1843). Philipp Otto Runge († 1810).
1778: Clemens Brentano († 1842).
1779: Adam Müller († 1829).
1781: Achim von Arnim († 1831). Karl Friedrich Schinkel († 1841). Adalbert von Chamisso († 1838).
1783: Stendhal (Henri Beyle, † 1842).
1785: Friedrich Christoph Dahlmann († 1860). Jacob Grimm († 1863). Bettina von Arnim († 1859). Alessandro Manzoni († 1873).

STANDESGEMÄSS PROGRAMMIERT (1777–1799)

5   Die Garnisonsstadt Frankfurt/Oder

Frankfurt/Oder. Es lag gegenüber der Marienkirche im sogenannten Nonnenwinkel und beherbergte in späterer Zeit ein Postamt, seit Anfang der zwanziger Jahre im Untergeschoß auch ein Kleist-Museum, ehe es im Zweiten Weltkrieg vollständig zerstört wurde. Frankfurt/Oder war gegen Ende des 18. Jahrhunderts eine Garnisons- und Universitätsstadt mit etwa 12 000 Einwohnern, knapp ein Viertel davon gehörte direkt (ca. 1 000 Soldaten) oder indirekt zum Militär, die Studentenzahl hingegen pendelte zwischen 200 und 300. Entsprechend rüde dürfte sich der Alltag gestaltet haben, doch bewegte sich wohl alles im Rahmen des damals Üblichen. In der überregionalen Presse, sprich: den großen Berliner Zeitungen, machte die Stadt nur selten Schlagzeilen. Zu den wenigen für mitteilenswert erachteten Ereignissen, die, wie an-

6   Das Geburtshaus wurde im Zweiten Weltkrieg vollständig zerstört.

zunehmen, auch den kleinen Heinrich von Kleist beeindruckt haben, zählen der von der örtlichen Freimaurerloge veranstaltete Aufstieg einer unbemannten »Luftmaschine« im März 1784, die Hochwasserkatastrophe im Frühjahr 1785, als der allgemein beliebte Regimentskommandeur Herzog Leopold von Braunschweig in der Oder ertrank (»weder vorher noch nachher hat das Oderwasser in diesen Gegenden eine gleiche Höhe erreicht«, schrieb später Theodor Fontane), und nicht zuletzt, Juni 1787, die Taufe eines freigelassenen Negersklaven (»aus dem Königreiche Loango«). Ansonsten: hie und da Routinemeldungen anläßlich der dreimal im Jahr stattfindenden Handelsmesse, von personellen Veränderungen in Garnison und Universität oder vom zuträglichen Klima und der hohen Lebenserwartung in dieser Region. Eine enge Welt, Provinz.

Nach Eduard von Bülow, der 1848 die erste Biographie veröffentlichte, sollen Kleists Jugendjahre »ihm im Kreise seiner Geschwister heiter und gut vergangen sein. Die freundliche Umgegend Frankfurts wirkte auch wohl belebend auf sein Gemüth. [...] Vielleicht erweckte auch unmerklich der Ruhm Ewald's von Kleist, welcher in Frankfurt begraben liegt [und dort 1779 ein Grabdenkmal gestiftet bekam], mit der Freude an ihrem gemeinsamen Namen, sein erstes Ehrgefühl.« Eine wahrscheinlich geschönte Darstellung, hält man das Zeugnis einer unbekannten Freundin aus dem Jahr 1847 daneben: »Schon seine Kindheit wurde ihm verbittert, da seine Erzieher die eigenthümliche Organisation des Knaben zu beachten nicht der Mühe werth hielten, und ihn für begangene Fehler straften, an denen ihre Art, ihn zu behandeln, die meiste

Geschichte
1740–1786: Preuß. König Friedrich II. (»der Große«).
1780: Tod der österreichischen Kaiserin Maria Theresia.
1781: In Österreich Abschaffung von Leibeigenschaft und Folter.
1783: Erster Aufstieg eines bemannten Heißluftballons (Brüder Montgolfier).
1784: Aufstellung der ersten Dampfmaschinen in Preußen.
1785: Preußen, Kursachsen und England-Hannover bilden den Deutschen Fürstenbund gegen Österreich (bis 1790).
1789: Beginn der Französischen Revolution.
1791: Auf Haiti erfolgreiche Sklavenrevolution; Brandenburger Tor in Berlin fertiggestellt.
1792: Frankreich wird Republik; Kriegserklärung an Preußen und Österreich.

Schuld trug. Die Folge war ein scheues Zurückziehen des Knaben in sich selbst auf der einen, und ein unbändiger Trotz auf der andern Seite. Beides *unnatürlich*, denn von Natur war Kleist offen, sanft, träumerisch, edel.« Die Erziehung wird demnach wohl eine strenge Dressur ohne viel Herzlichkeit, die Haushaltsführung eher kärglich, zumindest sparsam-bescheiden und der Alltag oft eintönig gewesen sein. Für Abwechslung sorgten allenfalls Besuche und Ferienaufenthalte bei der engeren Verwandtschaft – man heiratete untereinander –, die auf kleinen Gütern unweit Frankfurts ansässig war.

Den ersten Unterricht erhielt Kleist, zusammen mit seinem Vetter Karl von Pannwitz (1776–1795), durch einen jungen Hauslehrer, den Theologen und späteren Rektor der Frankfurter Bürgerschule Christian Ernst Martini (1762–1833). Der Besuch einer öffentlichen Schule galt nicht als standesgemäß. Ein halbes Jahrhundert später berichtete ein Vertrauter Martinis, was er von diesem über den berühmt gewordenen Zögling angeblich erfahren hatte.

Im Januar 1788 wurde Kleist zur weiteren Erziehung nach Berlin geschickt und in der Privatpension des französisch-reformierten Predigers Samuel Heinrich Catel (1758–1838), unter dessen Obhut damals auch zwei Vettern von Kleist standen, untergebracht. Catel war ein literarisch ambitionierter Mann, der lateinische und französische Klassiker übersetzte und später als Theaterkritiker für die Berliner ›Vossische Zeitung‹ schrieb. Unterricht erhielt Kleist wahrscheinlich an einer Privatschule, die Catels Schwager betrieb, und am Collège François, dem Gymnasium der Berliner Hugenotten. Man darf annehmen, daß er hier Französisch und Latein gelernt hat.

Spätestens im Juni 1788 endete Kleists erster Berliner Aufenthalt. In diesem Monat war der Vater an Wassersucht gestorben. Gleich nach dem Tod ihres Mannes richtete die ver-

> Kleist ein nicht zu dämpfender Feuergeist, der Exaltation selbst bei Geringfügigkeiten anheim fallend, unstät, aber nur dann, wenn es auf Bereicherung seines Schatzes von Kenntnissen ankam, mit einer bewundernswerthen Auffassung-Gabe ausgerüstet, von Liebe und warmem Eifer für das Lernen beseelt; kurz der offenste und fleißigste Kopf von der Welt, dabei aber auch anspruchslos.
>
> *Christian Ernst Martini über seinen Schüler*

witwete Majorin ein Gesuch an den König um Gewährung einer Pension, bekam aber eine abschlägige Antwort, »weil die zu Pensionen bestimmten Fonds erschöpft sind, und sich dermahlen keine Vacance [durch Tod eines früheren Empfängers freigewordene Pension] ereignet hat.« Der spätabsolutistische Monarch Friedrich Wilhelm II., der einen aufwendigen Lebensstil pflegte, dem antiaufklärerischen Geheimbund der Rosenkreuzer angehörte und seinem Land einen gewaltigen Reformstau sowie leere Staatskassen hinterlassen sollte, war mit anderem, vor allem mit sich selbst beschäftigt. Und die Vermögenslage der Familie Kleist verschärfte sich noch: Das Testament des Vaters wurde wegen Formfehler für ungültig erklärt. Was folgte, war ein mehrjähriger Rechtsstreit, der schließlich mit einem juristischen Vergleich und der Bestellung eines amtlichen Vormunds für die Kinder bis zu deren Volljährigkeit (bei Heinrich bis Oktober 1801) beigelegt wurde. Während dieser Zeit und bis zum Eintritt ins Militär wird Kleist – Näheres ist nicht bekannt – bei seiner Familie, mitunter auch bei Verwandten geblieben sein. Zwar hatte die Mutter den König noch verschiedentlich darum gebeten, ihren ältesten Sohn in die Militärakademie aufzunehmen (»um mich die Erziehung meiner noch übrigen Kleinen Kinder zu erleichtern«), und, wie es scheint, auch ein geneigtes Gehör bei »Allerhöchstdieselben« gefunden, doch außer wohlgedrechselten Vertröstungen und vagen Hoffnungen hatten ihre Bittbriefe offenbar keinen Erfolg.

Literatur, Philosophie, Kunst:
1777: Hamburger ›Hamlet‹-Aufführung etabliert Shakespeare in Deutschland; Gründung des Weimarer Hof- und Nationaltheaters.
1779: Gotthold Ephraim Lessing: ›Nathan der Weise‹; Christoph Willibald Gluck: ›Iphigenie auf Tauris‹.
1781: Friedrich Schiller: ›Die Räuber‹; Immanuel Kant: ›Kritik der reinen Vernunft‹.
1782: Jean-Jacques Rousseau: ›Die Bekenntnisse‹(dt. Erstübersetzung).
1784: Kant: ›Was ist Aufklärung?‹.
1784–1791: Johann Gottfried Herder: ›Ideen zur Philosophie der Geschichte der Menschheit‹.
1786: Wolfgang Amadeus Mozart: ›Figaros Hochzeit‹.
1787: Johann Wolfgang von Goethe: ›Iphigenie auf Tauris‹.
1788: Schiller: ›Geschichte des Abfalls der vereinigten Niederlande‹.
1789–1791: Rousseau: ›Emil oder Über die Erziehung‹ (deutsche Erstübersetzung).
1790: Goethe: ›Torquato Tasso‹; ›Faust‹-Fragment.
1791: Mozart: ›Die Zauberflöte‹.

»Sieben unwiederbringlich verlorne Jahre«

Aber vielleicht hatte der König schließlich doch Wort gehalten. Am 1. Juni 1792 wurde Kleist als 5. Gefreiterkorporal, nach heutigem Verständnis als Unteroffizier, in das in Potsdam stationierte Regiment Garde (3. Bataillon) aufgenommen; Dienstantritt nach der Konfirmation am 20. Juni. Dieses Infanterieregiment war nominell unmittelbar dem Monarchen unterstellt, galt zu Zeiten von Friedrich II. als Mustertruppe für fremde Armeen, seine Offiziere hatten ständigen Umgang mit dem Hof und waren dem König persönlich bekannt – mit einem Wort: eine Eliteeinheit, wenigstens dem Namen nach, in die man ohne einflußreiche Fürsprecher und ohne finanziellen Rückhalt, denn die Ausrüstung war teuer, nur schwerlich gelangte.

Der Beginn von Kleists Militärlaufbahn fiel zusammen mit dem Ausbruch des Ersten Koalitionskriegs, den Österreich und Preußen gemeinsam mit kleineren Vasallenstaaten gegen Frankreich und damit gegen ein mögliches Übergreifen revolutionärer Ideen und Energien auf Deutschland führten. Die Gunst der Stunde nutzend, verbündeten sich Österreich und Preußen gleichzeitig mit Rußland und erzwangen zwischen 1793 und 1795 durch Feldzüge gegen Polen schließlich die vollständige Aufteilung des polnischen Staatsgebiets unter die Siegermächte (1795: ›Dritte Polnische Teilung‹). 1795 scherte Preußen, mittlerweile finanziell völlig erschöpft, doch saturiert durch enorme Gebietsvergrößerungen im Osten, aus der Koalition aus und schloß mit Frankreich den Sonderfrieden von Basel. Heinrich von Kleist nahm am Krieg gegen Frankreich teil (›Rheincampagne‹), sein Bruder Leopold und einige seiner Vettern, aus der Garnison in Frankfurt/Oder, kämpften mit dem preußischen Invasionsheer in Polen.

> Das zweite und dritte Bataillon heißen eigentlich das Regiment Garde und machen zusammen 1548 Mann aus. [...] Sie liegen in der [Potsdamer] Neustadt. Diese drei Bataillone [der Leibgarde zu Fuß] machen zusammen 18 Kompanien mit Inbegriff der 3 Grenadierkompanien aus.
> *Friedrich Nicolai, 1786*

Das Garderegiment war Ende Dezember 1792 aus Potsdam abmarschiert und bezog Winterquartier in Frankfurt am Main – ohne Kleist, denn der hatte, aus welchen Gründen auch immer, Heimaturlaub bekommen. Während dieses Urlaubs starb, am 3. Februar, die Mutter »nach einem achttägigen Krankenlager«, so die Todesanzeige, also unerwartet. Die Führung des Frankfurter Haushalts unterstand fortan Auguste Helene von Massow (1736–1809), einer älteren Schwester der Mutter. An sie, das »Tantchen«, war auch der erste Brief adressiert, der von Kleists Hand überliefert ist. Kleist schildert darin die Reise zu seinem Regiment, die er nach der Beerdigung seiner Mutter Mitte März in Begleitung zweier Kaufleute gemacht hat, und die ersten Eindrücke im neuen Quartier. Im Ton artiger, etwas ungelenker Förmlichkeit stellte sich der Briefschreiber in allen Situationen als dienstbeflissen, traditionsbewußt, furchtlos und schneidig dar, so daß die Lieben zu Hause nicht anders als stolz auf ihn sein konnten. Ein Fünfzehnjähriger in der Rolle des alten Haudegen: »Gott sey Danck daß es nicht mehr lange dauern wird. […] Die Franzosen oder vielmehr das Räubergesindel wird jezt

7 Spießrutenlaufen

Theilt man […] die preußische Armee in zwei Teile, in Körper und Seele, in Instrument und Handhaber desselben, bringt man in jene Kategorie die Gemeinen und Unteroffiziere, in diese den Offizier und Feldherrnstand, so überzeugt man sich doch auf den ersten Blick, daß der dirigirende Theil, das Offizier-Corps, viel zu empirisch-mechanisch gebildet wird. Nichts lernen diese Herren wie die Exerzierkunst, sie lernen die Handgriffe und geben Unterricht darin, ohne das Warum zu verstehen, so wenig wie der Rechenmeister in der Arithmetik Unterricht nach auswendig gelernten Formeln erteilt, ohne ihren Grund zu kennen. *Friedrich von Cölln, 1807*

8 Der Erste Koalitionskrieg (1792–1797). Einzug der französischen Armee in Mainz am 7. November 1792. Gemälde aus dem Jahr 1835 von Hippolyte Bellange (1800–1866). Schloß Versailles, Musée Historique

aller wärts geklopft«. Wie anders der Stoßseufzer zwei Jahre später – das Garderegiment hatte inzwischen an der Niederschlagung der Mainzer Jakobinerrepublik teilgenommen und Kleist die Greuel des Krieges in den zahlreichen Schlachten und Gefechten um die Pfalz hautnah kennengelernt: »Gebe uns der Himmel nur Frieden, um die Zeit, die wir hier so unmoralisch tödten, mit menschenfreundlicheren Thaten bezahlen zu können!« Allerdings: Als Kleist diesen Satz nieder-

---

Kleists Bataillon **1793–1795**:
1793: Belagerung von Mainz (4. April–4. Juli), anschließend mehrere Gefechte und Schlachten in der Pfalz (bis 30. November).
1794: Verlegung nach Frankfurt/Main (Februar); Mai–Juli in Kämpfen auf linksrheinischem Gebiet.

1795: Abzug aus Frankfurt (3. März) zunächst in die Nähe von Osnabrück (26. März); nach dem Sonderfrieden von Basel (5. April) Rückmarsch nach Potsdam.

schrieb, war für Preußen der Krieg schon beinahe zu Ende, die geäußerte Friedenssehnsucht folgte in gewisser Weise der offiziellen Sprachregelung. Dem widerspricht auch nicht, daß das erste erhaltene Gedicht Kleists, im Krieg geschriebene Gelegenheitsverse, den vielsagenden Titel ›Der höhere Frieden‹ trägt.

Kleist kehrte Anfang Juni 1795 im Rang eines wirklichen Fähnrichs nach Potsdam zurück; auf dem Rückmarsch ging er mit Regimentskameraden in die Kasseler Gemäldegalerie (sein erster Kontakt mit der bildenden Kunst?), in Braunschweig erhielt das Offizierskorps Freikarten fürs Schauspiel (sein erster Theaterbesuch?). Noch während des Feldzugs hatte er nachhaltige Lektüreerlebnisse durch die frühen Schriften Christoph Martin Wielands (1733–1813) erfahren, die schwärmerische, nahezu naturreligiöse Gefühle in ihm weckten, vor allem aber, wie er selbst meinte, den Anstoß zu seiner »moralischen Ausbildung« gaben. Um sie voranzutreiben, war Potsdam für den »eleganten Junker«, wie ein Freund ihn bezeichnete, kein ungünstiges Pflaster. So war das Garnisonsleben zwar eintönig, bot aber durchaus Freiräume. Kleist nutzte sie zu wiederholten Beurlaubungen, besuchte die Familie, die Verwandten auf ihren Gütern, unternahm mit seiner Schwester Ulrike eine Reise auf die Insel Rügen und durchstreifte mit Regimentskameraden zweimal den Harz.

Und er entdeckte nach und nach die Reize, die das gesellschaftliche Leben in Potsdam bot. Angeblich hatte er (erwiderte?) Liebesgefühle zu der Generalstochter Luise von Linckersdorf (1774–1843) entwickelt, die sich aber aus irgendwelchen Gründen verloren. Von sonstigen Amouren wissen wir nichts. Um so erfolgreicher hingegen seine Suche nach emotionaler Nähe und mütterlicher Anerkennung. Häufig und gerne war er in den Häusern des Stabskapitäns Friedrich Wilhelm

> Außer dieser beständigen Garnison hält der König in Potsdam gewöhnlich jährlich im Monat Mai *die Revue* und das große *Herbstmanöver* im September, wozu 10 Bataillone und 27 Schwadronen aus den benachbarten Garnisonen nebst einem Zug Artillerie einrücken.
> *Friedrich Nicolai, 1786*

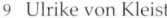

9 Ulrike von Kleist

Christian von Kleist, eines entfernten Vetters, und des preußischen Verwaltungsbeamten von Werdeck und seiner lebenslustigen Gemahlin Adolphine (1772–1844) zu Gast, die Gastgeberinnen, die erstere fünf, Marie von Kleist gar 16 Jahre älter als er, hatten es ihm (und waren von ihm) angetan, besonders die angeheiratete, in unglücklicher, 1812 geschiedener Ehe lebende Kusine Marie († 1831), Tochter eines Hugenottenpredigers namens Gualtieri, eine gebildete, wohl etwas exaltierte Frau mit einer unregelmäßigen Handschrift. Sie sollte künftig, neben der Schwester Ulrike, Kleists engste Vertraute werden. Sie hat sich beim König mehrfach für den krisengeschüttelten Dichter eingesetzt, und sie steckte wohl auch hinter einer kleinen Rente, die Kleist später über längere Zeit bezog und für eine private Pensionszahlung der Königin Luise, bei der Marie Hofdame war, hielt.

Wichtiger als der gesellschaftliche Umgang war für Kleists Entwicklung jedoch der Anschluß an bildungsbeflissene Kameraden aus dem Offizierskorps, die sich dieselben musisch-literarischen Neigungen und wissenschaftlichen Interessen teilten. Kleist hat hier lebenslange enge Freundschaften geschlossen.

> Das war damals die üppigste Secunde in der Minute meines Lebens! [...] In meinem Innern sah es so poetisch aus, wie in der Natur, die mich umgab. Mein Herz schmolz unter so vielen begeisternden Eindrücken, mein Geist flatterte wollüstig wie ein Schmetterling über honigduftende Blumen, mein ganzes Wesen ward fortgeführt von einer unsichtbaren Gewalt, wie ein Fürsichblühte von der Morgenluft.
>
> *An Adolphine von Werdeck, 28. Juli 1801*

Vor allem mit Johann Jakob August Otto Rühle von Lilienstern (1780–1848), der später zum Chef des preußischen Generalstabs und schließlich zum Generalinspekteur des gesamten militärischen Bildungswesens aufstieg, und mit Adolf Heinrich Ernst von Pfuel (1779–1866), der es kurzzeitig sogar bis zum Kriegsminister und preußischen Ministerpräsidenten brachte, im Revolutionsjahr 1848 aber aus Protest gegen die reaktionäre Politik des Königs zurücktrat. Rühle von Lilienstern war einer der Virtuosen eines fröhlichen Offiziersquartetts, in dem Kleist auf der Klarinette seiner Liebe zur Musik frönte – mit einigem Erfolg, denn immerhin konnte die Gruppe einen Ausflug in den Harz, bei dem man als fahrende Musikanten auftrat, allein aus dem eingespielten Geld finanzieren und scheint, bei anderer Gelegenheit, selbst den König mit einem Ständchen erfreut zu haben.

10 Johann Jakob August Otto Rühle von Lilienstern

Seit 1797 war Kleist nach eigener Aussage »mehr Student als Soldat«. Teils im Selbststudium, teils in Gemeinschaft mit Rühle von Lilienstern, der auch als Verfasser und Herausgeber militärwissenschaftlicher und geographischer Schriften be-

---

Ich habe mich ausschließlich mit Mathematik und Philosophie, – als den beiden Grundfesten alles Wissens, beschäftigt und als Nebenstudien die griechische und lateinische Sprache betrieben, welche letztere ich nun zur Hauptsache erheben werde.
An Christian Ernst Martini, 19. März 1799

kannt werden sollte, zimmerte er sich bildungshungrig ein Basiswissen zusammen. Obwohl im nachhinein von Kleist heruntergespielt (»nicht sehr bedeutende Hülfe«), bekam er wertvolle Anleitung durch den Konrektor der Potsdamer Großen Stadtschule, Johann Heinrich Ludwig Bauer (1773–1846), der im Alltag hauptsächlich Mathematik und deutsche Sprache unterrichtete und auch als Autor mehrerer Lehrbücher (u. a. über Stilistik) hervortrat. Dem neuen preußischen König Friedrich Wilhelm III. waren Bauers Fähigkeiten zu Ohren gekommen, und er hatte ihn beim Regierungsantritt im November 1797 beauftragt, Offizieren der Potsdamer Garnison Vorlesungen zu halten und Privatunterricht zu erteilen. Kleist war einer seiner ersten Schützlinge. Weder der König noch Bauer oder gar – zumindest am Anfang – Kleist selbst haben wohl geahnt, daß die intellektuelle Förderung der jungen Offiziere bei einigen dazu führen konnte, angesichts des eklatanten Widerspruchs zwischen aufgeklärtem Denken und der dumpfen Brutalität des militärischen Alltagsgeschäfts an der moralischen Rechtfertigung ihres Berufes immer stärker zu zweifeln. Da eine Reform der »Armeen« nicht absehbar war, auch unter dem neuen König nicht – die mit dem Namen Scharnhorst verbun-

11 Adolf Heinrich Ernst von Pfuel

> In solchen Augenblicken mußte natürlich der Wunsch in mir entstehen, einen Stand zu verlassen, in welchem ich von zwei durchaus entgegengesetzten Prinzipien unaufhörlich gemartert wurde, immer zweifelhaft war, ob ich als Mensch oder als Offizier handeln mußte; denn die Pflichten Beider zu vereinen, halte ich bei dem jetzigen Zustande der Armeen für unmöglich.
>
> *An Christian Ernst Martini, 19. März 1799*

dene Reform des preußischen Heeres sollte noch über ein Jahrzehnt auf sich warten lassen –, tat Kleist nach einigem Zögern schließlich das nach damaligen Begriffen Unerhörte: Er brach mit der Familientradition, verzichtete auf Standesprivileg und berufliche Absicherung und kam im Frühjahr 1799 um seine Verabschiedung ein.

Der Generalmajor von Rüchel, seit 1796 Chef des Garderegiments, von Zeitgenossen wenig schmeichelhaft als eine »aus lauter Preußentum gezogene konzentrierte Säure« charakterisiert, ließ Kleist offenbar nur ungern ziehen, da gebildete Offiziere zum gesellschaftlichen Renommee seiner Truppe beitrugen. Für Kleist aber war die Potsdamer Kasernenwirklichkeit in unmittelbarer Nachbarschaft der königlichen Sommerresidenz unerträglich geworden. »Die größten Wunder militairischer Disciplin«, erinnerte er sich, »die der Gegenstand des Erstaunens aller Kenner waren, wurden der Gegenstand meiner herzlichsten Verachtung; die Offiziere hielt ich für so viele Exerciermeister, die Soldaten für so viele Sclaven, und wenn das ganze Regiment seine Künste machte, schien es mir als ein lebendiges Monument der Tyrannei.« Unter kritischen Militärtheoretikern der Zeit eine weitverbreitete Ansicht.

Wenige Tage nach dem 13. April 1799 war es endlich soweit. Kleist hatte, nach »sieben unwiederbringlich verlornen Jahren«, so sein melancholisches Fazit, die königliche Kabinettsorder in Händen, die ihm die Aufnahme eines Studiums gestattete und eine spätere Verwendung im zivilen Verwaltungsdienst vage in Aussicht stellte. Hals über Kopf brach er in seine Heimatstadt auf, wo er seinen ehemaligen Lehrer Martini, dessen Rat ihm wichtig war, in die nächsten Pläne einweihte. Von Frankfurt aus bestätigte er in einem Schreiben an den König sogleich, daß er »weder ohne Dero allerhöchsten Consens jemals in auswärtige Krieges- oder Ci-

> Raisonnirt, soviel ihr wollt, und worüber ihr wollt, nur gehorcht!
> *Friedrich II. von Preußen*

vil-Dienste treten, noch in Höchstdero Staaten wiederum in Königl. Kriegsdienste aufgenommen zu werden, anhalten« würde – woran er sich dann nicht mehr so genau erinnert haben dürfte, als er 1803 von der napoleonischen, 1811 von der preußischen Armee aufgenommen werden wollte –, und erhielt darauf seinen Abschied mit Brief und Siegel. Nun war er frei, beinahe vogelfrei. In den Briefen der nächsten Jahre wird er auf sein Adelsprädikat verzichten und stets nur als Heinrich Kleist unterschreiben.

12 Kleists Unterschrift ohne Verwendung des Adelsprädikats. Aus einem Brief vom So., den 12. April 1801 an Gottlob Johann Christian Kunth.
In: H. v. Kleist. Sämtliche Werke. Brandenburger Ausgabe. Kritische Edition sämtlicher Texte nach Wortlaut, Orthographie, Zeichensetzung aller erhaltenen Handschriften und Drucke. Hrsg. von Roland Reuß und Peter Staengle. Basel, Frankfurt am Main 1996, Band IV/1, Briefe 1 (März 1793–April 1801)

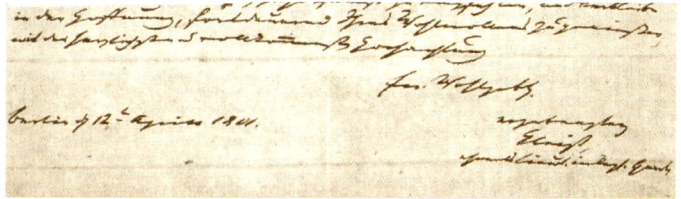

in der Hoffnung, fortdauernd Ihres Wohlwollens zu genießen, mit der herzlichsten u. vollkomensten Hochachtung

Berlin d. 12ten April 1801.

Ew. Wohlgeb.
ergebenster,
Kleist,
ehemals Lieut. im Regt. Garde

»Der seltsame militairisch-akademische Zwitter«

Akademisches Intermezzo

Die 1506 eröffnete Universität Frankfurt (»alma mater Viadrina«), die niemals zu den ersten Adressen der akademischen Welt gehört hatte und 1811 im Zusammenhang mit der Gründung der Berliner Universität nach Breslau verlegt wurde, hatte sich Kleist nicht aus Neigung als Studienort ausgesucht. Zum einen war es den preußischen Landeskindern untersagt, im Ausland zu studieren – als etwa der junge, seinerzeit noch von einer naturwissenschaftlichen Karriere träumende Achim von Arnim (1781–1831) nach Göttingen gehen wollte, wo moderne Experimentalwissenschaft gelehrt wurde, gelang dies erst nach zähem Hin und Her und einigen Tricks. Auch Kleist hatte vor, nach einem einjährigen Grundstudium an die Göttinger »Georgia Augusta« zu wechseln, um sich »dort der höheren Theologie, der Mathematik, Philosophie und Physik zu widmen, zu welcher letzteren ich einen mir selbst unerklärlichen Hang habe.« Zum anderen: Wohin auch hätte er gehen sollen, noch nicht volljährig und daher ohne eigene Mittel, als zurück in sein Elternhaus und zu dem ganz gewiß herb enttäuschten »Tantchen«?

Am 10. April 1799 – Kleist war also noch gar nicht offiziell aus dem Militärdienst entlassen – wurde er in der philosophischen Fakultät immatrikuliert; die Matrikel verzeichnet unter der Rubrik »Vorbildung« lapidar und ungewöhnlich genug: »komme vom Rgt. Garde aus Potsdam«. Zuvor hatte man seine Studientauglichkeit geprüft. Und zwar in einem verhörartigen Gespräch, bei dem er eine Reihe höchst unbe-

Fakultäten und Kollegium der Frankfurter Universität:
Die Theologische, welche eigentlich eine reformierte ist, wobei sich jedoch immer einige außerordentliche lutherische Professoren befinden, hat drei ordentliche Lehrer; die juristische ebenfalls drei ordentliche Lehrer; die Medizinische zwei und die Philosophische sechs ordentliche Professoren.
Friedrich Wilhelm August Bratring, 1804

quemer Fragen und Prognosen über sich hatte ergehen lassen müssen: »Man machte mir Einwürfe, fragte mich, welche Brodwissenschaft ich ergreifen wolle [...]. Man ließ mir die Wahl zwischen Jurisprudenz und der Cameral-Wissenschaft. [...] Man fragte mich, ob ich auf Connexionen bei Hofe rechnen könne? [...] Man fing nun an nach und nach zu zweifeln, daß die Ausführung meines Planes rathsam sei. Man sagte, ich sei zu alt, zu studiren. [...] Man stellte mir mein geringes Vermögen vor; man zeigte mir die zweifelhafte Aussicht auf Brod auf meinem neuen Lebenswege [...]. Man malte mir mein bevorstehendes Schicksal, jahrelang eine trockene Wissenschaft zu studiren, jahrelang und ohne Brod mich als Referendar mit trockenen Beschäftigungen zu quälen [...] mit so barocken Farben aus, daß [...] ich mich den unsinnigsten Thoren hätte schelten müssen, der mir je erschienen wäre.«

Mit dergleichen wird ihm auch die Familie auf die Nerven gefallen sein. Kleist ließ sich nicht beirren, zumal ihm das Studium in der philosophischen Fakultät behagen mußte. Das Studium hier war enzyklopädisch breit, die berufliche Entscheidung, da eine Spezialisierung erst in höheren Semestern erfolgte, einstweilen vertagt. In Kleists »Lebensplan« (»Was der Reiseplan dem Reisenden ist, das ist der Lebensplan dem Menschen«), der auf die »möglichst vollkommene Ausbildung« der »geistigen und körperlichen Kräfte« hin angelegt war, gab

> Noch bin ich nicht entschieden, *für welches Amt* ich mich bilden soll. [...] Soll ich *die Rechte* studieren? [...] Was soll ich von einer Wissenschaft halten, die sich den Kopf darüber zerbricht ob es ein Eigenthum in der Welt giebt [...]. Nicht die Rechte will ich studiren, nicht die schwankenden ungewissen, zweideutigen Rechte der Vernunft will ich studieren, an die Rechte meines Herzens will ich mich halten, und ausüben will ich sie, was auch alle Systeme der Philosophen dagegen einwenden mögen. – Oder soll ich mich für das *diplomatische Fach* bestimmen? – Ach, Wilhelmine, ich erkenne nur ein höchstes Gesetz an, die *Rechtschaffenheit*, und die Politik kennt nur ihren Vortheil. [...] Oder soll ich mich für das *Finanzfach* bestimmen? – Das wäre etwas. [...] Auch noch ein Amt steht mir offen, ein ehrenvolles Amt, das mir zugleich alle wissenschaftlichen Genüsse gewähren würde, aber freilich kein glänzendes Amt, ein Amt, von dem man freilich als Bürger des Staates nicht, wohl aber als Weltbürger weiter schreiten kann – ich meine ein *academisches Amt*. – Endlich bleibt es mir noch übrig *die Öconomie* zu studieren, um die wichtige Kunst zu lernen, mit geringen Kräften große Wirkungen hervorzubringen.
>
> *An Wilhelmine von Zenge, April/Anfang Mai 1800*

es für einen »Brotberuf« ohnedies keinen Platz.

Kleist ging verbissen an die Arbeit. Lediglich im Juli 1799, als die Alma mater wegen der Messe Vorlesungspause hatte und Kleist mit den Geschwistern Ulrike und Leopold im eigenen Wagen durchs Riesengebirge fuhr, lüftete er ein wenig den Kopf. Einmal stöhnte er über »eine Masse von Geschäften, die selbst nach dem Urtheile Hüllmanns [bei dem er Philosophie und Kulturgeschichte hörte] zu schwer für mich ist.«

Die Professoren, bei denen Kleist u. a. studierte, waren neben Hüllmann der Philosoph und Physiker Christian Ernst Wünsch, den er wohl am meisten schätzte und aus dessen popularphilosophischem Werk ›Kosmologische Unterhaltungen für junge Freunde der Naturerkenntniß‹ er in seinen Briefen häufig zitierte, sowie der Mathematiker Huth und der Naturrechtler Madihn; außerdem nahm er Privatunterricht, um seinen offenbar unzureichenden Lateinkenntnissen aufzuhelfen und den Vorlesungen – sie wurden in lateinischer Sprache gehalten – besser folgen zu können.

13 Titelblatt der ›Kosmologischen Unterhaltungen ...‹ von Christian Ernst Wünsch

> Kleist hatte Feldzüge und ernste, nicht bloß dilettantische Universitätsstudien gemacht, das habe ich aus seinen Collegienheften gesehen.
> *Friedrich Christoph Dahlmann, 1858*

Bei allem Eifer und stetem Bemühen – nach drei Semestern wurde Kleist der Boden in seiner Heimatstadt zu heiß: Der »seltsame militairisch-akademische Zwitter« (Kleist über sich) brach das Studium ab. So überstürzt, wie er vor wenig mehr als einem Jahr von Potsdam dorthin geeilt war (»holterdiepolter«, schrieb ein Gewährsmann), kehrte er jetzt Frankfurt den Rücken; er fand nicht einmal Zeit, Kolleggelder, die er den genannten Professoren schuldig war, vorher noch zu bezahlen. Diese Flucht dürfte mehrere Gründe gehabt haben. Zum ersten: Kleist war für die Universität zu alt und seine Vorbildung unzulänglich. Sodann wäre er nun gezwungen gewesen, sein Studium generale aufzugeben und einen berufsqualifizierenden Studiengang, vielleicht Jurisprudenz oder Kameralwissenschaft, einzuschlagen (»Ich sage [...], daß es nicht die *Bildung für die Gesellschaft* ist, die mein Zweck ist, daß diese Bildung, und mein Zweck, zwei ganz verschiedne Wege sind.«). Drittens hatte er sich mittlerweile anscheinend von der Vorstellung gelöst – oder sie wenigstens realistischer zu betrachten gelernt –, daß das Glück, das er durch die Absolvierung eines Bildungsprozesses für herstellbar hielt, nicht in der abstrakten Nüchternheit des akademischen Wissens zu finden sein würde. Dies alles spielte mit – ein übriges tat die Kontrolle durch Tante, ältere Geschwister und Amtsvormund –, doch für den Zeitdruck, unter dem Kleist plötzlich handelte, war etwas anderes ausschlaggebend: die im Frühjahr 1800 inoffiziell geschlossene Verlobung mit Wilhelmine von Zenge.

Wilhelmine oder Die Bestimmung des Weibes

Wilhelmine Charlotte von Zenge (1780–1852), Minette und, von Kleist in seltenen zärtlichen Anwandlungen, auch Min-

Bei dem ewigen Beweisen u. Folgern verlernt das Herz fast zu fühlen; u. doch wohnt das Glück nur im Herzen, nur im Gefühl, nicht im Kopfe, nicht im Verstande. Das Glück kann nicht, wie ein mathematischer Lehrsatz bewiesen werden, es muß empfunden werden, wenn es da sein soll.

An Ulrike von Kleist, 12. November 1799

chen genannt, war die älteste Tochter eines Generalmajors, der seit Februar 1799 das in Frankfurt stationierte Infanterieregiment befehligte. Die kinderreichen Zenges – Mutter Charlotte Margarethe hatte seit 1777 fünf Söhne und neun Töchter zur Welt gebracht – kamen aus Berlin. Wilhelmine war dort in die Gesellschaft eingeführt worden. Sie hatte den höfischen Jahrmarkt der Eitelkeiten angestaunt, auf Bällen getanzt, Opern besucht, und fand daher an der neuen Umgebung in Frankfurt zunächst nur wenig Gefallen, obwohl sie sich zur beschaulichen Intimität eines kleinen Familien- und Freundeskreises stärker hingezogen fühlte als zur großen Welt. So jedenfalls ihre eigene Darstellung. Wir finden sie in einem langen Brief vom 16. Juni 1803, in dem Wilhelmine von Zenge detailliert ihr Verhältnis zu Kleist und insbesondere den Beginn der Liaison geschildert hat – die Verlobung war nach zwei Jahren im Mai 1802 geplatzt –; Adressat des im wesentlichen wohl wahrheitsgemäßen Bekennerschreibens ist der Philosophieprofessor Wilhelm Traugott Krug (1770–1842), dem Wilhelmine im Januar 1804 ihr Jawort geben wird.

14 Wilhelmine Charlotte von Zenge

Edler u. besser sollen wir durch die Liebe werden, u. wenn wir diesen Zweck nicht erreichen, so mißverstehen wir uns. Lassen Sie uns daher immer mit sanfter menschenfreundlicher Strenge über unser gegenseitiges Betragen wachen.

An Wilhelmine von Zenge, Frühjahr 1800

»DER SELTSAME MILITAIRISCH-AKADEMISCHE ZWITTER« (1799–1801)

15 Leopold von Kleist

Die Töchter des Garnisonschefs Hartmann von Zenge waren bald mit Kleists Geschwistern, die in der Nachbarschaft wohnten, eng befreundet. Besonders Leopold hatte es ihnen angetan, »weil er ein sehr fröhlicher junger Mann war, und uns durch seinen Scherz oft zu lachen machte«, während Heinrich, in seine akademischen »Feldzüge« vertieft, ihnen die kalte Schulter zeigte. Ab Herbst 1799 änderte sich das allmählich. Leopold von Kleist war nach Potsdam versetzt worden, sein älterer Bruder sollte nun dessen Rolle als witziger Unterhalter übernehmen; anfangs sehr zum Mißfallen der Zenge-Schwestern Wilhelmine, Luise und Charlotte, denn Heinrich »war sehr melancholisch und finster, und sprach sehr wenig.« Der Mangel an Begeisterung war gegenseitig; er fühle sich in dieser Gesellschaft (»sie besteht aus lauter guten Menschen«) ängstlich und beklommen, gestand Kleist seiner Schwester Ulrike, und im übrigen verschwende er nur seine kostbare Zeit, »wenn der ganze Haufen beisammen ist« (»Ein Gespräch kann man ihr sich durchkreutzendes Geschwätz nicht nennen.«).

Um aus seiner Not eine Tugend zu machen, verfiel Kleist darauf, sich intensiv um die Bildung der jungen Damen zu kümmern. Aus dem eifrigen Autodidakten wurde, nicht untypisch, ein didaktischer Eiferer. Er sagte ihnen, welche Bücher sie zu lesen hätten, arrangierte ein Privatkolleg bei seinem Lehrer Wünsch, das im Wintersemester 1799/1800 »eine

> Die Verlobung des Paares blieb dabei insofern ein öffentliches Geheimnis, als es aller Welt bekannt war, ohne daß man eben davon sprechen durfte.
> *Eduard von Bülow, 1848*

> Er bat sich die Erlaubniß aus mir die Hauptregeln der deutschen Sprache nach grade in kurzen Aufsätzen mittheilen zu dürfen, welches ich recht gern annahm, und recht fleißig studirte, um seine Mühe zu belohnen. Eines Abends als ich bei Kleists war, gab er mir einen ähnlichen Aufsatz, wie gewöhnlich in ein weiß Papier geschlagen, doch wie erstaunte ich als ich es zu Hause öffnete und darinn von ihm einen Brief fand, worinn er mir sagte daß er mich schon lange herzlich liebe, und ich ihn durch meine Hand sehr beglücken könne. *Wilhelmine von Zenge, 16. Juni 1803*

geschlossene Gesellschaft von 12 illiteratis« in die Geheimnisse der Experimentalphysik einweihte, paukte als Tutor mit ihnen den Lernstoff – angeblich von einem eigens dafür hergestellten Katheder herab –, und ließ sie Aufsätze schreiben, deren krause Logik und schlechtes Deutsch er oberlehrerhaft bekrittelte. Dann, wie aus heiterem Winterhimmel: Als Kleist seiner Schülerin Wilhelmine einen dieser Aufsätze, mutmaßlich korrigiert, zurückgegeben hatte, fand sie darin – Kleists Heiratsantrag. Sie war verwirrt, konsterniert, ihre erste Reaktion entschieden und unmißverständlich: »Den andern Tag schrieb ich ihm daß ich ihn weder liebe, noch seine Frau zu werden wünsche, doch würde er mir als Freund immer recht werth sein.« Aber Kleist ließ nicht mehr locker. Er lauerte Wilhelmine auf, spannte deren Schwester Luise als Postbotin unterwürfig-flehentlicher Briefe ein, versprach, beteuerte, beschwichtigte – im April oder Mai 1800 war das monatelange Hin und Her endlich vorüber, Kleist hatte seinen Willen durchgesetzt. Die Verlobung fand im stillen statt, denn, so Wilhelmine im Rückblick: »Meine Eltern gaben ihre Einwilligung, doch mit der Bedingung, so lange zu warten bis er ein Amdt habe, welches ich auch sehr zufrieden war.«

Wenn Wilhelmine von Zenge erwartet hatte, Kleist würde sich durch ihr Einlenken als zärtlicher Liebhaber entpuppen und den Schulmeister ablegen, so mußte sie sich bitter ent-

> Meine Ausbildung, und Veredlung lag ihm sehr am Herzen. [...] Er gab mir nützliche Bücher zu lesen, und ich muste ihm meine Urtheile darüber sagen, oder auch Auszüge daraus machen. Er laß mir Gedichte vor, und ich muste sie nachlesen oder französich übersetzen. Auch schärfte er meinen Witz und Scharfsinn durch Vergleiche, welche ich ihm schriftlich bringen muste.
>
> *Wilhelmine von Zenge, 16. Juni 1803*

täuscht sehen. Nun ging es mit der Erzieherei erst richtig los. Die Bildungsdiktatur, der sich Kleist bislang selbst unterworfen hatte, richtete er fortan gegen seine Verlobte; mit einer Gefühlskälte, Pedanterie und Unerbittlichkeit, die jeden heutigen Leser von Kleists Briefen an Wilhelmine – ihr eigener Anteil an der Korrespondenz ist bis auf einen Brief unbekannt geblieben – schockiert (früher, in der älteren Kleist-Literatur, war man da weniger zimperlich und rechtfertigte den sublimen Sadismus des Kleistschen Erziehungsprogramms mit der nichts weniger als bezeichnenden These, Kleist habe seine Braut, wie er selber geschrieben hatte, »zum Ideal umschaffen« wollen). Das diktatorische Grundmuster dieser unpersönlichen oder, wie man sie auch genannt hat, »unsäglichen Liebesbriefe« zeigt sich am reinsten in den Fragezetteln oder sogenannten »Denkübungen«, mit denen Wilhelmine traktiert worden ist: Kleist formuliert Fragen, deren richtige – für ihn richtige! – Beantwortung stets darauf hinausläuft, daß seine, die männliche Autorität gegenüber Wilhelmine bestätigt wird. Etwa: »Wenn beide, Mann und Frau, für einander thun, was sie ihrer Natur nach vermögen, wer verliert von beiden am meisten, wenn Einer zuerst stirbt?« Die Antwort, nach etlichen (pseudo-)logischen Winkelzügen, lautet, »daß folglich, da der Mann unendlich mehr empfängt, als die Frau, er auch unendlich mehr bei dem Tode derselben verlieren müsse, als die Frau bei dem

16 »Denkübungen« für Wilhelmine

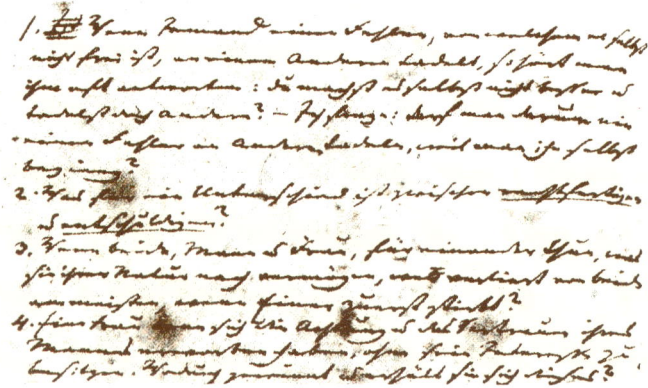

Tode ihres Mannes.« Rechthaberische Scheinheiligkeit! Ein eingefleischter Junggeselle würde kaum hinterhältiger argumentieren.

Nach Kleists Weggang aus Frankfurt setzten die Briefe das Rollenspiel zwischen den ungleichen Partnern fort: Der starke Mann, der mit fester Hand das »Schiff seines Glückes« sicher zwischen allen Klippen des Lebens hindurchsteuert, und das ohnmächtige Weibchen, das sich ihm ohne Wenn und Aber anvertraut – in Wahrheit war er um jeden Strohhalm froh, an den er sich selbst klammern konnte, und lebte dabei ständig in Furcht, die Kontrolle über Wilhelmine zu verlieren. Die räumliche Distanz überbrückte er durch eine Fülle von Ermahnungen, Verhaltensregeln und kleineren Aufträgen, durch abstruse Bezichtigungen, glanzvolle Zukunftsszenarien und selbstverliebte Kokettereien. Zärtliches, immerhin ist man verlobt, floß aus seiner Feder kaum (»das bräunliche Mal in der weichen Mitte Deines rechten Armes. Tausendmal habe ich es geküßt und dich selbst« – in der Vorstellung!). Kleists mächtigste Waffe aber war sein Talent zur Geheimniskrämerei, das er zeitlebens kultivierte. Seiner Braut predigte er Offenheit und unbedingtes Vertrauen; eine Tasse und der dazugehörende Untersatz, die er Wilhelmine einst aus Berlin zum Geschenk gemacht hatte, waren mit den Wörtern »Vertrauen«, »uns« und »Einigkeit« bemalt und ergaben ein Rebus mit der Bedeutung »Einigkeit auf uns, Vertrauen unter uns«. Was ihn selbst betraf, so hütete er sich, Wilhelmine oder wen auch sonst in seine Karten sehen zu lassen. In Frankfurt wäre das auf Dauer unmöglich gewesen. So aber, aus der Entfernung, konnte er Wilhelmine Monat um Monat hinhalten, immer neue Hoffnungen in ihr wecken und ihr im Mai 1802 schließlich vorwurfsvoll zu verstehen geben, daß sie zur Verräterin an dem Bildungsideal, das er in

> Zur Einheit und Unauflöslichkeit einer Verbindung [von Mann und Frau] ist das beliebige Zusammentreffen zweyer Personen nicht hinreichend; ein Theil mußte dem andern *unterworfen* und wechselseytig einer dem andern irgend worin überlegen sein, um ihn beherrschen oder regiren zu können. [...] Ein Theil muß im *Fortgange der Kultur* auf heterogene Art überlegen seyn: der Mann dem Weibe durch sein körperliches Vermögen und seinen Muth, das Weib aber dem Manne durch ihre Naturgabe, sich der Neigung des Mannes zu ihr zu bemeistern [...]. *Immanuel Kant, 1798*

Würzburg für sie formuliert hatte, geworden war – zuvor war ihr Brief mit der Erklärung, ihm nicht in die Schweiz zu folgen, ungeöffnet zurückgegangen.

Das merkwürdig lieblose Liebesverhältnis zu Wilhelmine von Zenge hat später zu einer Fülle von Spekulationen über Kleists sexuelle Veranlagung geführt. Kaum eine Variante, die man ihm nicht zugeschrieben hätte; mit Ausnahme dessen, was zu seiner Zeit als normal galt, wurde und wird im Spektrum zwischen Homosexualität, organisch bedingter Impotenz und Hermaphroditismus nahezu alles für möglich gehalten. Eine jede diesbezügliche Mutmaßung bleibt jedoch umstritten, da man bis heute ausschließlich auf eher fragwürdige Indizien angewiesen ist. Und selbst dort, wo man sich dank mehrerer Zeugnisse auf sicherem Gebiet zu bewegen glaubt, gibt es wenig Zuverlässiges. Im Kapitel »Kleist und die Frauen« blühen die Legenden. Die literarisch eindringlichste hat Christa Wolf in dem kleinen Roman ›Kein Ort. Nirgends‹ (1979) in Szene gesetzt: Kleists Zusammentreffen mit der romantischen Dichterin Karoline von Günderrode (1780–1806) im Jahr 1804. Die Begegnung der beiden Selbstmörder, daran läßt der Text keinen Zweifel, ist Fiktion. Zeit und Schauplatz aber sind treffend gewählt; Kleist war damals wie von der Bildfläche verschwunden, hielt sich irgendwo am Rhein, möglicherweise in Mainz, vielleicht auch in Koblenz auf, und sein erster Biograph Bülow wußte später nach dem Hörensagen mitzuteilen: »Er soll in dieser Zeit die Bekanntschaft der Günderode gemacht und mit der Tochter eines Predigers bei Wiesbaden [sie wird nur hier erwähnt] ein zartes Verhältniß gehabt haben.«

In Dresden, wo Heinrich und Ulrike von Kleist im Frühjahr 1801 Station machten – Kleist sprach von »den frohesten Stunden« seines Lebens –, schloß er Freundschaft mit den verarmten

---

Deine Bestimmung, liebe Freundin, oder überhaupt die Bestimmung des Weibes ist wohl unzweifelhaft und unverkennbar; denn welche andere kann es sein, als diese, *Mutter zu werden, und der Erde tugendhafte Menschen zu erziehen*? Und wohl Euch, daß Eure Bestimmung so einfach und beschränkt ist! Durch Euch will die Natur nur ihre Zwecke erreichen.

An Wilhelmine von Zenge, 16. September 1800

Schwestern Karoline (1784–1837) und Henriette von Schlieben (1777–1850), die er 1803 wieder besuchen sollte. Beiden Frauen stand er sehr nahe. Unbestätigt blieb aber bislang die Glaubwürdigkeit eines Vermerks, der sich unter einer zeitgenössischen Kreidezeichnung der Gleichaltrigen findet: »Henriette von Schlieben, Kleists Braut.« Der Brief, den Kleist ihr im Juli 1804 schrieb, spricht eher dagegen (»Verzeihen Sie, wenn ich alle Versprechungen, mit welchen ich in Dresden von Ihnen schied, so gänzlich unerfüllt gelassen habe.«).

17 Henriette von Schlieben (1777–1850)

In drastischen Farben überliefert sind Nachrichten – allesamt nach Kleists Tod aufgezeichnet – vom Scheitern eines Verlobungsversuchs mit Emma Juliane Kunze (1786–1849), einer Pflegetochter des Dresdener Oberappellationsgerichtsrats und Schiller-Freundes Christian Gottfried Körner. Bald nachdem Kleist im September 1807 in das Körnersche Haus eingeführt worden war, habe sich ein intensives Liebesverhältnis entwickelt, das aber ebenso bald schon wieder in die Brüche gegangen sei, weil Julie Kunze als gehorsames Mündel dem Kleistschen Geheimhaltungsgebot eine schroffe Abfuhr erteilt habe. Der – auch in ihrem Wahrheitskern zweifelhaften – Überlieferung zufolge war Kleist am Boden zerstört; man liest

18 Dresden vom rechten Elbufer oberhalb der Augustusbrücke aus gesehen. Gemälde von Canaletto (1721–1780). Dresden, Gemäldegalerie, Alte Meister

19 Emma Juliane Kunze (1786–1849)

von einem Selbstmordversuch, »von einer starken Dosis Opium«, von acht Tagen, die er »wegen einer in der Liebe gekränkten Eitelkeit wahnsinnig und rasend in seiner Stube« zugebracht habe. Anschließend habe Kleist als echter Dichter gehandelt und, um »seiner ungetreuen Geliebten« an einem leuchtenden Beispiel zu demonstrieren, »wie man lieben müsse«, das ›Käthchen von Heilbronn‹ zu schreiben begonnen. Noch 1914 wird berichtet, »daß Julie zu ihrem Verdruß selbst im Alter noch von Verwandten und Freunden immer wieder als Urbild des ›Käthchens von Heilbronn‹ oft geneckt worden ist.«

Von einer sonderbar mißglückten Liaison schließlich wissen gleich mehrere Gewährsleute, mit größerer Überzeugungskraft: Kleist habe seinen Aufenthalt bei Christoph Martin Wieland Anfang 1803 schlagartig abbrechen müssen, nachdem herausgekommen sei, daß Luise (1789–1815), die jüngste Tochter des Hauses, mehr als bloß freundliche Gefühle für den Gast hegte – oder der Gast für sie; Aussagen stehen hier gegen Aussagen. So erinnerte sich ein Jahrzehnt danach Luise Wieland in einem Rechtfertigungsbrief an »die Bekanntschaft mit Heinrich von Kleist, dem als Dichter das zur Jungfrau heranblühende Mädchen interessant wurde, und der durch dieses Interesse das kindlich unerfahrene Wesen gewann, die es für Liebe hielt.« Hingegen erzählte man

20 Luise Wieland
(1789–1815)

sich lange in Kleists Familie, daß der alte Wieland vorhatte, seine Tochter mit dem vielversprechenden Dichterjüngling zu verheiraten, was offensichtlich besagen sollte, daß Kleist nicht aus dem Haus hinauskomplimentiert worden war, sondern ganz im Gegenteil von sich aus schleunigst die Flucht ergriffen hatte.

Reiserätsel Würzburg

Als Kleist mit der Postkutsche am Abend des glutheißen 14. August 1800 in Berlin angekommen war und sich in einem Gasthof einquartiert hatte, schrieb er sogleich an seine Schwester Ulrike nach Frankfurt, um bei ihr um Verständnis für diese »Reise ohne angegebnen Zweck« zu werben. Offenbar fühlte die reiselustige Ulrike, die mit ihrem Fernweh gerne Landkarten studierte, sich im Stich gelassen. Wenig tröstlich für sie – und für uns –, daß ihr Bruder mit gravitätischer Miene entschuldigend meinte: »Gewiß würde ich nicht so geheimnißreich sein, wenn nicht meine beßte Erkenntniß mir sagte, daß Verheimlichung meines Zweckes nothwendig, *nothwendig* sei.« Im übrigen beließ er es bei der dunklen Andeutung, »daß das Scheinbar-Abendtheuerliche meiner Reise durchaus versteckt bleibe, und die Welt weiter nichts erfahre, als daß ich in Berlin bin und Geschäfte beim Minister Struensee habe, welches zum Theil wahr ist.« Und: »Ich kehre nicht so bald wieder. Doch das Alles behältst Du für Dich.«

In Berlin hielt es Kleist nur zwei Tage, dann hatte sein ominöser Plan bereits »eine Änderung erlitten«. Er war mit Wilhelmine von Zenges Bruder Karl zusammen, kaufte Bücher (Schillers ›Wallenstein‹) und Karten, besuchte das auf dem Gendarmenmarkt aufgestellte und als Attraktion gelten-

> *Ulrike* soll immer nur erfahren, wo ich *bin*, Du aber, mein geliebtes Mädchen, *wo ich sein werde*.
> *An Wilhelmine von Zenge,*
> *16. August 1800*

de »Panorama der Stadt Rom«, führte Gespräche in der Scheidungsangelegenheit seiner ältesten Schwester Wilhelmine und nahm an einem Abendessen bei einem Verwandten teil. Ob und in welcher Weise es aber zu den besagten »Geschäften beim Minister Struensee« gekommen ist, weiß man nicht; jedenfalls traf Kleist den Minister nicht persönlich, denn der war seinerzeit auf Reisen.

Am 17. August, einem Sonntag, früh um acht Uhr, bestieg Kleist die »Stettiner bedeckte Post« und ließ sich bis nach Pasewalk durchschütteln, von wo aus er seine Braut mit einer Erfolgsmeldung überraschen konnte: »Mein erster Plan ist ganz vollständig geglückt.« Kleist hatte den »ältern, weisern Freund« Ludwig von Brockes (1767–1815), den er von einer Jahre zurückliegenden Urlaubsreise auf die Insel Rügen her kannte, aufgesucht, in sein geheimnisumhülltes Projekt eingeweiht und als Begleiter gewonnen. Nun machten sie sich gemeinsam auf den Weg, als Ziel nannte man Wien. Nach kurzem Halt in Berlin und einer Stippvisite bei Freunden in Potsdam steuerten Kleist und Brockes zunächst Leipzig an. Hier beschafften sie sich Legitimationspapiere, die für Reisepässe nach Wien unerläßlich waren, und zwar durch einen simplen Trick: An der Universität gaben sie vor, zwei Studiosi von der damals zu Schweden gehörenden Insel Rügen zu sein, und ließen sich unter falschen Namen als »Klingstedt« und »Bernhoff« immatrikulieren. Mit diesen Papieren im Gepäck ging es weiter nach Dresden. Als sie eine Audienz beim dortigen englischen Botschafter verließen, benötigten sie keine Pässe mehr; Wien war erledigt, als neues Reiseziel faßte man Straßburg oder Würzburg ins Auge.

Zwischen dem 8. und 10. September trafen Kleist und Brockes in Würzburg ein. Zunächst logierten sie – Kleist hatte bei seiner Schwester Ulrike eine erkleckliche Summe für

Reiseroute:

28. **August:** von Berlin nach Potsdam
29.–30. **August:** Potsdam, Treuenbrietzen, Wittenberg, Düben, Leipzig
1.–2. **September:** Vierunddreißigstündige Fahrt von Leipzig nach Dresden

4.–5. **September:** mit Extra-Post von Dresden über Chemnitz und Zwickau (Besichtigung der Marienkirche) nach Reichenbach
bis 8./10. **September:** Bayreuth, Ebrach (Besichtigung der Klosterkirche), Würzburg.

die Reisekasse lockergemacht – im »Fränkischen Hof«, dem ersten Haus am Platz. Wenige Tage später ließ man den Plan einer Weiterreise nach Straßburg fallen und nahm eine Privatwohnung bei dem Stadtchirurgus Joseph Wirth (»Unser Wirth heißt übrigens Wirth«) im »Eckhaus am Neuen Markt gegen der Einhornapotheke über«. Wirth, der schließlich Schereien bekam, da er die beiden vermeintlichen Leipziger Studenten ohne Quartierzettel aufgenommen hatte, gab zu Protokoll, deren Matrikelscheine hätten ihm genügt und im übrigen: »der eine seie wirklich krank.« Auch Kleist sprach später davon, daß er in Würzburg von einem Arzt behandelt worden sei. Welche Krankheit dies war, wie lange sie dauerte und wodurch sie kuriert werden konnte, ist unbekannt. Gleichwohl hält sich seit rund einhundert Jahren die anscheinend unverwüstliche Meinung, Kleist habe die geheimnisvolle Reise gemacht, um durch einen urologischen Eingriff, die Operation einer Vorhautverengung, seine Zeugungskraft herstellen zu lassen. Von daher erkläre sich der euphorische Ton in Kleists Brief an Wilhelmine vom 10. und 11. Oktober 1800: »Jetzt, Wilhelmine, werde auch ich Dir mittheilen, was ich mir von dem

21 Ludwig von Brockes (1767–1815)

> Leipziger Immatrikulationsschwindel:
> Wir giengen zu dem Magnifikus, Prof. *Wenk*, eröffneten ihm wir wären aus der Insel Rügen, wollten kommenden Winter auf der hiesigen Universität zubringen; vorher aber noch eine Reise ins Erzgebirge machen und wünschten daher jetzt gleich Matrikeln zu erhalten. Er fragte nach unsern Vätern. *Brokes* Vater war ein Amtmann, meiner ein invalider schwedischer Capitain. Er machte weiter keine Schwierigkeiten, laß uns die akademischen Gesetze vor, gab sie uns gedruckt, streute viele weise Ermahnungen ein, überlieferte uns dann die Matrikeln und entließ uns in Gnaden. Wir giengen zu Hause, bestellten Post, wickelten unsre Schuhe und Stiefeln in die akademischen Gesetze und hoben sorgsam die Matrikeln auf. *An Wilhelmine von Zenge, 30. August / 1. September 1800*

22 Die Residenz in Würzburg

Glücke einer künftigen Ehe verspreche. Ehemals durfte ich das nicht, aber jetzt – o Gott! Wie froh macht mich das!« Man darf wohl annehmen, daß Kleist sich erst jetzt für fähig hielt, eine Ehe einzugehen, und daß dies das Motiv für die Reise war. Doch konnte hierfür genausogut etwas völlig anderes verantwortlich gewesen sein, das nicht im Bereich des Medizinischen lag. Irgendetwas, von dem er sich eine gesicherte Zukunft versprach, wie es Hartmann von Zenge verlangt hatte.

Die sexualpathologische Deutung der Würzburg-Reise hat eine Fülle alternativer Hypothesen auf den Plan gerufen, die sich vereinfachend in zwei Gruppen zusammenfassen lassen. Die eine Gruppe setzt an bei der Äußerung Ulrike von Kleists, »die Reise wäre politischer Natur gewesen«. So wird etwa vermutet, daß Kleist als antifranzösischer Agent losgeschickt worden war. Größere Zustimmung findet die Ansicht, daß er im Auftrag des preußischen Ministeriums für

23 Der »Fränkische Hof« in Würzburg

das Kommerzial- und Fabrikwesen, dem Struensee vorstand, als Industriespion unterwegs war und sich so für eine spätere Anstellung zu empfehlen suchte; die entschiedenste Position in diesem Zusammenhang besagt, Kleist habe in Würzburg, wo ein gewisser Georg Pickel eine kleine chemische Fabrikation unterhielt, das technische Verfahren zur Gewinnung der Farbe »Pickelgrün« herausfinden sollen. Die andere Gruppe umfaßt Hypothesen, wonach Kleist aus freien Stükken nach Würzburg gereist sei, auf der Suche nach beruflichen Perspektiven jenseits des drohenden preußischen Staatsdienstes. Für möglich hält man, daß Kleist sich in Würzburg zum Professor habe habilitieren wollen. Und kontrovers zu dieser Auffassung wird behauptet, Kleist habe sich beim Abschied von Frankfurt auch vom Traum einer Karriere innerhalb der Universität verabschiedet; nach Würzburg sei er gereist, um Anschluß an einflußreiche freimaurerische Kreise zu finden, von deren Protektion er sich eine Existenz als Privatgelehrter erhofft habe.

Der mißvergnügte Hospitant

Unmittelbar vor Antritt der Reise, die nach Wien hätte führen sollen und nach Würzburg führte, hatte Kleist an Ulrike geschrieben, er werde, »sobald unser Geschäft geendigt ist«, zurückkehren, »und dies geschieht auf jeden Fall vor dem 1^t November«. Und tatsächlich. Ende Oktober war er, nach einer fünftägigen *Tour de force* über »47 Meilen«, wieder in Berlin; Brockes hatte derweil Würzburg in Richtung Dresden verlassen. Das geheimnisvolle Unternehmen war anscheinend erfolgreich gewesen. Kleist wirkte für kurze Zeit wie verwandelt. Er gab sich aufgeräumt, und seine gute Lau-

---

Eine der vortrefflichsten Anstalten, die je ein Mönch hervorbrachte, ist wohl das hiesige *Julius-Hospital* [...]. Bei den Verrückten sahen wir manches Ekelhafte, manches Lächerliche, viel Unterrichtendes u. Bemitleidenswerthes.
An Wilhelmine von Zenge, 13. September 1800

ne wurde noch besser, wenn er erfuhr, daß selbst seine engsten Freunde ihm nicht auf die Schliche kamen: »Ich war gestern in Potsdam, und alle Leute glaubten, ich wäre darum so seelenheiter, weil ich angestellt würde – o die Thoren!«

Kleist hatte vielleicht gehofft, vielleicht befürchtet, eine Anstellung bei der ›Technischen Deputation des Manufaktur-Kollegiums‹, einer Unterabteilung des von Struensee geleiteten Ministeriums, sicher in der Tasche zu haben. Der Geheimrat Kunth, bei dem er deswegen vorstellig wurde und der seinem Chef davon Bericht erstattete (wir würden sonst nichts Näheres darüber wissen), belehrte ihn aber sehr schnell eines Besseren. Die Technische Deputation sei für Kleist, der »den Jahren nach keine Zeit mehr zu verlieren« habe, die falsche Adresse, er fände hier nur »wenig Gelegenheit zu allgemeiner Ausbildung für den öffentlichen Dienst und durchaus keine Aussicht auf Beförderung«. Wenn er schon in den Zivildienst wolle, dann bitteschön bei irgendeiner Finanzverwaltung. Schließlich fand man einen Kompromiß. Am 1. November – daher also die eilige Rückreise – bat Kleist den Minister Struensee schriftlich um Erlaubnis, an den Sitzungen der Technischen Deputation als Hospitant teilnehmen zu dürfen, »damit ich in den Stand gesetzt werde, aus dem Gegenstande der Verhandlungen selbst zu beurtheilen, ob ich mich getrauen darf, mich dem Commerz und Fabriken Fache zu widmen.« Ein solches Gesuch sah der Minister zum allerersten Mal – und bewilligte es.

Die Technische Deputation war ein relativ kleines Expertengremium, das zu Kleists Zeit 17 ordentliche Mitglieder, überwiegend Assessoren und Referendare, zählte. Ihr Aufgabenbereich umfaßte die Überwachung der preußischen Manufakturen und Werkstätten, die Prüfung technischer Neuerungen im Hinblick auf deren Anwendbarkeit und Rentabi-

24 Carl
August
Struensee von
Carlsbach

25 Kohlezeche in England. James Watts Dampfmaschine ersetzte Pferde- und Wasserkraft. Sie wurde in der Textilproduktion ebenso wie bei der Kohleförderung eingesetzt, um 1790.

lität sowie die Sichtung und Auswertung der einschlägigen Literatur. Auch Industriespionage – ein kostengünstiger Innovationsfaktor im technologisch, industriell und naturwissenschaftlich rückständigen Preußen – fiel in ihr Ressort; hierbei bediente man sich eigens ausgesandter Agenten wie auch reisender Privatleute, denen nahegelegt wurde, etwa bei einem Englandaufenthalt sich für metallverarbeitende Betriebe oder für neuartige Brückenkonstruktionen zu interessieren.

Die Deputation tagte immer mittwochs. Am 12. November hätte der neue Hospitant erstmals antreten müssen, doch der hatte die Sitzung versäumt. Noch ohne also überhaupt genau zu wissen, worauf er sich eingelassen hatte, stand für ihn bereits fest: »In die Provinzen reisen und die Fabriken zählen«, nicht mit ihm! Einen Tag später überrumpelte er seine erwartungsvolle Braut mit dem Geständnis: »Ich will kein Amt nehmen. […] Ich passe mich für kein Amt. Ich bin auch wirk-

> Ich werde daher wahrscheinlich diese Laufbahn nicht verfolgen. Doch mögte ich sie gern mit Ehre verlassen und wohne daher, während dieses Winters den Sessionen der technischen Deputation bei. Man wollte mir dies zwar anfänglich nicht gestatten, ohne angestellt zu sein, und der Minister drohte mir sogar schriftlich, daß wenn ich mich jetzt nicht gleich anstellen ließe, sich in der Folge für mich wenig Aussichten zeigen würden.
>
> *An Ulrike von Kleist, 25. November 1800*

lich zu ungeschickt, um es zu führen. Ordnung, Genauigkeit, Geduld, Unverdrossenheit, das sind Eigenschaften, die bei einem Amte unentbehrlich sind, und die mir doch ganz fehlen. Ich arbeite nur für meine Bildung gern und da bin ich unüberwindlich geduldig und unverdrossen. [...] Aber das Entscheidendste ist dieses, daß selbst ein Amt, und wäre es eine Ministerstelle, mich nicht glücklich machen kann. *Mich* nicht«. Wilhelmine von Zenge wird entsetzt gewesen sein. Doch es kam noch toller: Kleist bestürmte sie mit einem Plan, der für eine gehorsame und tugendhafte Tochter ihres Standes schlichtweg undenkbar war. Als erstes sollte man so bald wie möglich heiraten. Sodann würde er mit ihr unter bescheidenen Verhältnissen einige Jahre in der französischen Schweiz (»dem schönsten Erdstriche von Europa«) verbringen, »um Unterricht dort in der deutschen Sprache zu geben.« Kleist hatte im Sinn, in Ruhe seine Französischkenntnisse zu vervollkommnen und sich für »das ganze schriftstellerische Fach« (als Gelehrter, nicht als Dichter!) weiter auszubilden. Und in nicht allzu ferner Zukunft (in »höchstens sechs Jahren«) wäre das lockende Ziel schon erreicht: »nach Paris gehen und die neueste Philosophie [gemeint ist die Kantische] in dieses neugierige Land verpflanzen.«

Ob Kleist sich im klaren darüber war, daß er von seiner Braut das Unmögliche verlangte? Es ist nicht auszuschließen, daß er es bewußt darauf anlegte, sich ein schroffes Nein von ihr einzuhandeln. Dabei war es vielleicht nicht einmal der Plan selbst, der eine Ablehnung hervorrufen mußte, denn: »Viele Männer haben geringfügig angefangen und königlich ihre Laufbahn beschlossen. Shakespeare war ein Pferdejunge und jetzt ist er die Bewunderung der Nachwelt.« Durch derlei Lebensweisheiten wäre Wilhelmine, die sich mit Kleist in der heimischen Laube gefühlvoll an Idyllenpoesie wie der

> Letzthin hatte ich eine äußerst widerliche Empfindung. Ich war nämlich in einer Session [der Technischen Deputation], denen ich immer noch beiwohne, weil ich nicht recht weiß, wie ich mich davon losmachen soll, ohne zu beleidigen. [...] Eines der Mitglieder schlug einen großen Folianten auf, der der 5^t Theil eines neu herausgekommenen französischen Werkes über Mechanik war. [...] Darauf fragte ihn der Präsident, ob er glaubte, daß es nützlich wäre, wenn es von einem Mitgliede ganz durchstudirt würde; und als er dies bejahend beantwortete, so wandte sich der Präsident schnell

›Luise‹ von Johann Heinrich Voß erwärmt hatte, womöglich sogar zu überreden gewesen. Was aber auf keinen Fall in ihr Weltbild paßte, war die radikale Prämisse von Kleists Zukunftsplanung: »Ich wünsche es mit meiner ganzen Seele und entsage dem ganzen prächtigen Bettel von Adel und Stand und Ehre und Reichthum«, und: »Ich bin sehr fest entschlossen, den ganzen Adel von mir abzuwerfen.« Auch eine Begegnung mit dem König während seines letzten Potsdam-Aufenthalts bestärkte ihn in dieser Haltung. Der Schwester Ulrike berichtete er noch im November, die Prinzen wären sehr freundlich zu ihm gewesen, »aber der König war es nicht – und wenn er meiner nicht bedarf, so bedarf ich seiner noch weit weniger. Denn mir mögte es nicht schwer werden, einen andern König zu finden, ihm aber, sich andere Unterthanen aufzusuchen.«

Am 3. Dezember nahm Kleist, per Handschlag zur Verschwiegenheit verpflichtet, erstmals an einer Sitzung der Technischen Deputation teil. Kleists Stimmung wurde trüber und trüber – wenn man seinen Briefen glauben darf. Daran änderte auch wenig, daß er mittlerweile bei Wilhelmine von Zenges älterem Bruder Karl (1777–1802) wohnte (am heutigen Alexanderplatz), daß Ludwig von Brockes nach Berlin gekommen war und daß sein Frankfurter Universitätslehrer Huth ihn bei befreundeten Gelehrten eingeführt hatte. Über Weihnachten fuhr er nach Frankfurt und zeichnete für Wilhelmine den berühmten Torbogen; Ulrike, mit der er sich gerne ausgesprochen hätte, war verreist. Wieder in Berlin, machte Kleist neue interessante Bekanntschaften, darunter ein Baumwollfabrikant mit einem »Cabinet von physikalischen Instrumenten«. Er schloß sich der auch mit den Zenges befreundeten Kaufmannsfamilie Clausius an, die er auf Bälle begleitete, er besuchte Schauspiele und Konzerte, zog in

zu mir und sagte: nun Herr v. K. das ist etwas für Sie, nehmen Sie dies Buch zu sich, lesen Sie es durch und statten Sie ... darüber Bericht ab. – Was in diesem Augenblicke Alles in meiner Seele vorgieng kann ich Dir wieder nicht beschreiben. Ein solches Buch kostet wenigstens 1 Jahr Studium, ist neu, folglich sein Werth noch gar nicht entschieden, würde meinen ganzen Studienplan stören ... Ich hatte aber zum erstenmal in 2 Jahren wieder einen Obern vor mir und wußte in der Verlegenheit nichts zu thun, als mit dem Kopfe zu nicken. *An Ulrike von Kleist, 5. Februar 1801*

Kneipen umher – alles nur, um schließlich zerknirscht zu schreiben: »ich passe mich nicht unter die Menschen. […] Die Nothwendigkeit, eine Rolle zu spielen, und ein innerer Widerwillen dagegen machen mir jede Gesellschaft lästig.«

Kleists Briefe in dieser Zeit beschwören ein Bild verzweifelter Orientierungslosigkeit. Umstritten ist jedoch, wie genau dieses Bild seiner Seelenlage tatsächlich entsprach. Nach neuerer Meinung sollte man nicht alles für bare Münze nehmen, was Kleist in Richtung Frankfurt verlauten ließ. Der Verdacht, er habe seine Verdrossenheit nach literarischen Vorbildern dramatisch überzeichnet und sich selbst zur tragischen Figur stilisiert, ist nicht von der Hand zu weisen. Das Motiv eines abgründigen Leidens an der Welt hätte ihm aus der frühromantischen Dichtung vertraut sein können und war es wohl auch; Ludwig Tiecks melancholischer Briefroman ›Geschichte des Herrn William Lovell‹ (1795/96) könnte ihm so manches Stichwort geliefert haben. Eine eigene Tradition ausgebildet hat demgegenüber die Auffassung, Kleists Verzweiflung sei Ausdruck einer tiefgreifenden geistigen Krise gewesen. Wie er Wilhelmine mitteilte, habe ihn die Bekanntschaft »mit der neueren sogenannten Kantischen Philosophie« zu der »Überzeugung« gebracht, »daß hienieden keine Wahrheit zu finden ist«. Kleists ›Kant-Krise‹, so der fast sprichwörtlich gewordene Ausdruck, markiere demnach das Ende des bisherigen optimistischen Glaubens an Wissenschaft und Fortschritt. Und in Kleists eigenen Worten: »Mein einziges, mein höchstes Ziel ist gesunken, und ich habe nun keines mehr«.

Das klingt glaubwürdig. Noch glaubwürdiger aber wäre es, fiele nicht wenige Zeilen später der Satz, auf den, Kant hin, Krise her, alles ankam: »Liebe Wilhelmine, laß mich reisen.« Bloß fort

---

Wenn alle Menschen statt der Augen grüne Gläser hätten, so würden sie urtheilen müssen, die Gegenstände, welche sie dadurch erblicken, *sind* grün – und nie würden sie entscheiden können, ob ihr Auge ihnen die Dinge zeigt, wie sie sind, oder ob es nicht etwas zu ihnen hinzuthut, was nicht ihnen, sondern dem Auge gehört. So ist es mit dem Verstande. Wir können nicht entscheiden, ob das, was wir Wahrheit nennen, wahrhaft Wahrheit ist, oder, ob es uns nur so scheint. Ist das letzte, so *ist* die Wahrheit, die wir hier sammeln, nach dem Tode nicht mehr – und alles Bestreben, ein Eigenthum sich zu erwerben, das uns auch in das Grab folgt, ist vergeblich –
An Wilhelmine von Zenge, 22. März 1801

26 Die Kleist-Miniatur von Peter Friedel aus dem Jahr 1801. Neben dem ›Dilettantenportrait‹ (vgl. Frontispiz) wahrscheinlich die einzige authentische Darstellung von Kleist

aus Preußen, nach Frankreich, nach Paris, am besten mutterseelenallein!

Nun mußte alles schnell gehen. Ulrike wurde informiert, Ehrensache, unangenehm (»Ich habe ihr versprochen, nicht das Vaterland zu verlassen, ohne es ihr vorher zu sagen. Will sie mitreisen, so muß ich es mir gefallen lassen.«). Kleist ließ sich porträtieren und schickte das Bild als Trostpflästerchen an die im Stich gelassene Braut. Kunth erhielt ein artiges Kündigungsschreiben. Der ungeduldig auf ihren Koffern wartenden Schwester schrieb er, sie solle so schnell wie möglich ihn abholen kommen – immerhin verfügte sie über genügend Geld –, im nächsten Moment rechnete er ihr bis ins kleinste vor (einschließlich des »Biergeldes für Postillione«), daß man sich die Reise auf keinen Fall leisten könne und alles abblasen müsse.

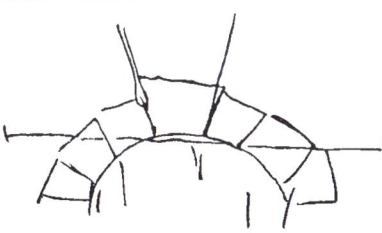

27 Torbogen-Skizze. Es bereitet Kleist »unbeschreiblich erquickenden Trost«, daß der von ihm skizzierte Würzburger Torbogen (links) nicht einstürzt.

Dann hieß es wieder, seine Pläne seien schon in aller Munde, durch einen Rückzieher würde er sich unsterblich blamieren – schließlich wurde es der Schwester zu bunt und sie stand in der Tür. Am 15. April 1801 reisten die beiden Geschwister in Begleitung von Karl von Zenges Diener Johann mit der Postkutsche aus Berlin ab.

Nach Paris

Anfangs schien sich Kleists Stimmung nicht zu bessern, was kaum verwunderlich ist. Mit der resoluten Schwester als Aufpasserin im Schlepptau, die zu geziemender Zeit auf Rückkehr drängen würde, war für Kleist ein Ende der Flucht schon absehbar, ehe sie richtig begonnen hatte. Und was die Reise selbst betraf, so rechnete er gewiß damit, daß er bei Ulrike, deren zupackendes Naturell ihm in vielen anderen Fällen gute Dienste tat, nicht auf Verständnis, sondern auf herben Eigensinn stoßen würde. Recht sollte er bekommen. Unterdrückter Ärger klingt an in den Klagen, die er einigen Briefen aus Paris anvertraute: »Ich wäre auf dieser einsamen Reise, die ich mit meiner Schwester machte, sehr glücklich gewesen, wenn, – wenn – – [...] Ulrike ist ein edles, weises, vortreffliches, großmüthiges Mädchen [...]. Aber – so viel sie auch besitzen, so viel sie auch geben kann, an ihrem Busen läßt sich doch nicht ruhen – Sie ist eine weibliche Heldenseele, die von ihrem Geschlechte nichts hat, als die Hüften, ein Mädchen, das orthographisch schreibt und handelt, nach dem Takte spielt und denkt – – Doch still davon. Auch der leiseste Tadel ist zu bitter für ein Wesen, das keinen Fehler hat, als diesen zu groß zu sein für ihr Geschlecht.« Und, eine frühere Charakterisierung wieder aufgreifend: »Aber welchen Mißgrif hat die Natur begangen, als sie ein

Wunsch am neuen Jahre 1800 für Ulrike von Kleist
Amphibion Du, das in zwei Elementen stets lebet,
Schwanke nicht länger und wähle Dir endlich ein sichres Geschlecht.
Schwimmen und fliegen geht nicht zugleich, drum verlasse das Wasser,
Versuch es einmal in der Luft, schüttle die Schwingen und fleuch!

28 Ansicht der Stadt Dresden von der Neustadt aus. Kolorierte Aquatintaradierung aus dem Jahr 1825 von Carl Täubert (1778–1861).

Wesen bildete, das weder Mann noch Weib ist, und gleichsam wie eine Amphibie zwischen zwei Gattungen schwankt?«

Die erste Station hieß Dresden. Fast einen Monat verbrachte man hier, länger als ursprünglich vorgesehen. Allmählich taute Kleist auf. Der Aufenthalt tat ihm sichtlich gut, seine Niedergeschlagenheit und der anfängliche Mißmut wegen Ulrikes Begleitung hatten sich vorübergehend verflüchtigt. In Dresden, so die Schwester Jahrzehnte später, »gefiel es ihm so sehr, daß er nicht fortzubringen war.« Zum einen waren da neue Freundschaften, mit der Kusine Luise und ihrem

> Liebe Wilhelmine, heute lag ich auf den Brühlschen Terrassen, ich hatte ein Buch mitgenommen, darin zu lesen, aber ich war zerstreut und legte es weg. Ich blickte von dem hohen Ufer herab über das herrliche Elbthal, es lag da wie ein Gemälde von Claude Lorrain unter meinen Füßen – es schien mir wie eine Landschaft auf einen Teppich gestickt, grüne Fluren, Dörfer, ein breiter Strom, der sich schnell wendet, Dreßden zu küssen und hat er es geküßt, schnell wieder flieht – und der prächtige Glanz von Bergen, der den Teppich wie eine Arabesken-borde umschließt – und der reine blaue italische Himmel, der über die ganze Gegend schwebte – Mich dünkte, als schmeckte süß die Luft, holde Gerüche streuten mir die Fruchtbäume zu, und überall Knospen und Blüthen, die ganze Natur sah aus wie ein funfzehnjähriges Mädchen.   *An Wilhelmine von Zenge, 4. Mai 1801*

Ehemann Georg von Einsiedel, vor allem mit den Schwestern Karoline und Henriette von Schlieben (»arm und freundlich und gut«). »Dießen Kranz habe ich noch mit dem guten Kleist gebunden am 16. May 1801«, notierte Karoline zu einem Angebinde, dessen kümmerlicher Rest sich bis heute erhalten hat. Was Kleist aber noch stärker an Dresden band, waren Erfahrungen, die er hier offenbar zum ersten Mal machte; beinahe könnte man von einem ästhetischen Erweckungserlebnis sprechen: »Nichts war so fähig mich so ganz ohne alle Erinnerung wegzuführen von dem traurigen Felde der Wissenschaft, als diese in dieser Stadt gehäuften Werke der Kunst. Die Bildergallerie [mit Raffaels ›Sixtinischer Madonna‹], die Gipsabgüsse, das Antikencabinet, die Kupferstichsammlung, die Kirchen-Musik in der Katholischen Kirche, das Alles waren Gegenstände bei deren Genuß man den Verstand nicht braucht, die nur allein auf Sinn und Herz wirken. Mir war so wohl bei diesem ersten Eintritt in diese für mich ganz neue Welt voll Schönheit.« In dem Maler Friedrich Lose (1776–1833), dem späteren Ehemann Karoline von Schliebens und Kleists Weggenosse in die Schweiz, fand er einen kundigen Gesprächspartner. Geradezu verzückt jedoch hatte ihn, was er vor weniger als einem Jahr in bester Aufklärermanier noch als Pfaffenschwindel abgetan hatte: »Nirgend fand ich mich aber tiefer in meinem Innersten gerührt, als in der Katholischen Kirche, wo die größte, erhabenste Musik noch zu den andern Künsten trit, das Herz gewaltsam zu bewegen.« Und vier Sätze später, Wilhelmine wird ihren Augen nicht getraut haben: »Ach, nur einen Tropfen Vergessenheit, und mit Wollust würde ich katholisch werden.«

Nachdem die Geschwister noch einige Ausflüge in die nähere und weitere Dresdener Umgebung unternommen hatten – unter anderem besichtigten sie ein Bergwerk und ein Amalgierwerk – und bis nach Böhmen vorgestoßen waren,

---

Städte um 1800:
Berlin 172 000 Einwohner
Dresden 60 000 Einwohner
Frankfurt/Oder 12 000 Einwohner
Leipzig 32 000 Einwohner
Paris 600 000 Einwohner
Wien 250 000 Einwohner

von wo sie per Schiff durchs Elbetal zurückfuhren, erstanden sie eine Kutsche und zwei ausgediente polnische Husarenpferde, die ihnen Einsiedel vermittelt hatte, hießen den Diener Johann aufsteigen und setzten ihren Weg fort. Nächster Halt war Leipzig. Kleist machte die Bekanntschaft einiger namhafter Professoren (»Wir suchen uns in jeder Stadt immer die Würdigsten auf«). Ulrike wiederum, so ihr Bruder, »fand endlich Gelegenheit zu einem Abendtheuer, und hörte verkleidet einer öffentlichen Vorlesung Plattners zu. Das geschah aber mit Vorwissen des Hofraths, indem er selbst wünschte, daß sie, Störung zu vermeiden, lieber in Mannskleider kommen mögte, als in Weiberröcken [Frauen war der Vorlesungsbesuch untersagt]. Alles lief glücklich ab.« Von Leipzig fuhren sie über Halle, wo man abermals bei einer akademischen Berühmtheit vorsprach, nach Halberstadt. Hier hatte Kleist eine anrührende Begegnung mit dem Dichter Ludwig Gleim (1719–1803). Der greise »Dichtervater« Gleim führte die Geschwister »in sein Cabinet, geschmückt mit Gemälden seiner Freunde. Da ist keiner, sagte er, der nicht ein schönes Werk schrieb, oder eine große That begieng. [Ewald von] Kleist that beides und Kleist steht oben an.« Und Gleim erzählte ihnen, wie er den schwerverwundeten Ewald von Kleist mit einem Scherzgedicht in schallendes Gelächter versetzt und so vor dem Tod bewahrt habe; Pointe: »Aus Dankbarkeit widmete Kleist der Dichtkunst das Leben, das sie ihm gerettet hatte.«

Und weiter ging die Fahrt. In Wernigerode besuchten sie die Familie des Grafen von Stolberg, von Ilsenburg aus bestiegen sie am 31. Mai den Brocken, in Goslar fuhren sie in ein Erzbergwerk ein (»wo in großen Höhlen die Erze mit angezündeten Holzstößen abgebrannt werden, und Alles vor Hitze nackend arbeitet«), sie gelangten nach Göttingen, wieder Begegnung mit Gelehrten, dann nach Kassel, wo sie sich den Park

29 Ludwig Gleim (1719–1803)

und die Gemäldesammlung ansahen. In Butzbach scheuten die Pferde, als in der Nähe ein Esel schrie, und der Wagen samt Insassen stürzte um. Nach Kleists Schilderung entging man einer Katastrophe nur knapp: »Und an einem Eselsgeschrei hieng ein Menschenleben? Und wenn es nun in dieser Minute geschlossen gewesen wäre, *darum* also hätte ich gelebt?« Über Frankfurt nach Mainz. Von hier aus wollten sie mit dem Postschiff bis Bonn, brachen aber ihre Rheinfahrt am zweiten Tag ab, wegen eines Sturms, bei dem sie – angeblich – fast ertrunken wären. Am 28. Juni traf man, über Mannheim, Heidelberg und Durlach kommend, in Straßburg ein. Nun wollten sie keine Zeit mehr verlieren: »Man hat uns hier so viel von den Friedensfesten die am 14ᵗ Juli in Paris gefeiert werden sollen vorerzählt, daß wir uns entschlossen haben, die Schweiz im Stiche zu lassen, und direkt nach Paris zu gehen.« Unter dem Datum vom 6. Juli erhielt »Kleist, Hry. Gui. Bernd. Ex. Lieut. des Gardes du Roi du Prusse« von der Pariser Polizeipräfektur eine zunächst für zwei Monate gültige Aufenthaltserlaubnis.

Als Kleist sein Ziel endlich erreicht hatte, wußte er, daß er hierher nicht wollte. Seinen Traum von Paris hatte die Wirklichkeit in einen Alptraum verwandelt. »Als ich in mein Vaterland war,« schrieb er Ende Juli, »war ich oft in Paris, und nun ich in Paris bin, bin ich fast immer in mein Vaterland.« Kleist fühlte sich von der damals nach London zweitgrößten Stadt der Welt gleichermaßen überwältigt und angewidert, ein junger Mann aus der Provinz, der den Schocks einer monströsen Metropole preisgegeben war. Einmal zeigte er sich über »das stolze, ungezügelte, ungeheure Paris« entrüstet, ein anderes Mal von der »blassen, matten, faden Stadt« gelangweilt. Für differenzierte Urteile war Kleists Voreingenommenheit zu groß. Deshalb sind die Erfahrungen, die er in Briefen häufig plastisch schilderte, bei weitem auch nicht so originell, wie man auf den ersten Blick

> Gesetzt, Rousseau hätte in der Beantwortung der Frage, ob die Wissenschaften den Menschen glücklicher gemacht haben, recht, wenn er sie mit nein beantwortet, welche seltsamen Widersprüche würden aus dieser Wahrheit folgen!
> *An Wilhelmine von Zenge, 15. August 1801*

30 14. Juli 1801 in Paris. Mit dieser »Feuerwerksstraße« feierte man den Jahrestag des Sturms auf die Bastille und die Friedensschlüsse von Lunéville und Florenz.

vermuten könnte. Anonymität, Vermassung, Unterhaltungsindustrie, Sittenlosigkeit, soziale Kälte, dekadenter Luxus – derlei Aspekte des großstädtischen Lebens haben in der kulturkritischen Literatur seit jeher dominierende Rollen gespielt. Kleist, der durch Jean-Jacques Rousseau (1712–1778) stark geprägt war (»der liebste durch den ich Dich [Wilhelmine] bilden lasse«), durfte sich im Verlust seiner Illusionen bestätigt fühlen. Hie und da mischten sich auch völkerpsychologische Vorurteile ein, wenn er die Denkweise der Franzosen als oberflächlich (»Affen der Vernunft«) abtat und dem angeblich tiefen und gründlichen Geist der Deutschen gegenüberstellte (»Der Deutsche spricht mit Verstand, der Franzose mit Witz.«).

Kleist ging in Paris zunächst naturwissenschaftlichen Studien nach und hörte Vorlesungen, außerdem nahm er Griechischun-

Du riethest mir einmal in Paris, ich mögte, um heitrer zu werden, doch kein Bier mehr trinken, und sehr empfindlich war mir diese materialistische Erklärung meiner Trauer – jetzt kann ich darüber lachen, und ich glaube, daß ich auf dem Wege zur Genesung bin.
An Ulrike von Kleist, 12. Januar 1802

terricht bei einem etwas dubiosen Professor. Er machte die Bekanntschaft von Wilhelm von Humboldt und hatte Umgang mit dem berühmten Astronomen Lalande – vielleicht wohnte er gar bei ihm –, durch den er Kontakte zu weiteren französischen Gelehrten bekam. Sehr bald aber schon erlahmte sein wissenschaftlicher Eifer (»O wie traurig ist diese cyklopische Einseitigkeit!«), Anfang Oktober war er dann vollends erloschen. Für Kleist war ein Kapitel zu Ende: »Die Wissenschaften habe ich ganz aufgegeben. Ich kann Dir nicht beschreiben, wie ekelhaft mir ein wissender Mensch ist, wenn ich ihn mit einem handelnden vergleiche.« Wie schon in Dresden wandte sich Kleist wieder verstärkt der bildenden Kunst zu. Der Louvre (»erwärme mich an dem Marmor, an dem Apoll vom Belvedere, an der mediceischen Venus«) und andere Pariser Museen wurden ihm zu Zufluchtsorten. Am 10. Oktober dann an die Braut ein neues Projekt: »Ich will im eigentlichsten Verstande *ein Bauer* werden.« Mit der Volljährigkeit am 24. Geburtstag konnte Kleist über ein kleines Vermögen frei verfügen, und er hatte vor, es zum Ankauf eines Guts in der Schweiz zu nutzen. Erst wollte er noch bis zum Frühjahr in Paris bleiben. Schon bald aber, typisch Kleist, verlor er die Geduld: »Ich habe überlegt, daß es sowohl meines Vermögens, als der Zeit wegen nothwendig sei, mit der Ausführung meines Planes zu eilen.« Mitte November reisten Kleist und seine Schwester – ihr Diener Johann hatte sich zwei Tage vor der Abfahrt aus dem Staub gemacht – aus Paris ab, mit von der Partie der Maler Friedrich Lose, der irgendwann in der Zwischenzeit von Dresden an die Seine gekommen war.

> Verrath, Mord und Diebstahl sind hier ganz unbedeutende Dinge, deren Nachricht niemanden afficirt. [...] Jedes Nationalfest kostet im Durchschnitt zehn Menschen das Leben. [...] Zwei Antipoden können einander nicht fremder und unbekannter sein, als zwei Nachbarn von Paris [...] – zuweilen gehe ich durch die langen, krummen, engen, schmutzigen, stinkenden Straße, ich winde mich durch einen Haufen von Menschen, welche schreien, laufen, keuchen, einander schieben, stoßen, umdrehen, ohne es übel zu nehmen, ich sehe Einen fragend an, er sieht mich wieder an, ich frage ihn ein Paar Worte, er antwortet mir höflich, uns beiden wird warm, er ennuyiert sich, wir sind einander herzlich satt, er empfiehlt sich, ich verbeuge mich, und wir haben einander vergessen, so bald wir um die Ecke sind. [...] Eine ganz rasende Sehnsucht nach Vergnügungen verfolgt die Franzosen und treibt sie von einem Orte zum andern. [...] Denn nichts hat der Franzose lieber, als wenn man ihm die Augen verblendet.
> *An Luise von Zenge, 16. August 1801*

»Erscheinung eines neuen Dichters«

Eine Insel in der Schweiz

In Frankfurt am Main trennten sich die Wege der Geschwister. Seit geraumer Zeit hatte zwischen ihnen dicke Luft geherrscht. »Mit Ulriken hat es mir große Kämpfe gekostet«, hieß es schon aus Paris, »sie hält die Ausführung meines Planes nicht für möglich, und glaubt auch nicht einmal, daß er mich glücklich machen wird.« – im Klartext: die Familie glücklich machen wird. Kleist blieb unbeirrbar. Während Ulrike allein nach Hause weiterfuhr, schlugen er und Lose (»Seine Rede ist etwas rauh, doch seine That ist sanft«) am 2. Dezember die Route nach Süden ein, die bis Straßburg im wesentlichen mit der übereinstimmte, die er vor einem halben Jahr unter günstigeren äußeren Umständen (»der schlechte Weg und die kurzen Wintertage«) auch genommen hatte. Am 13. Dezember erreichten sie, durch das französische Elsaß kommend, Basel.

Kleist wollte in Basel Heinrich Zschokke (1771–1848) antreffen, der dort das Amt eines Regierungsstatthalters innegehabt hatte, im Oktober aber, nach einem Umsturz der Machtverhältnisse in der Schweiz, zurückgetreten war und seitdem als Privatmann in Bern lebte. Kleist kannte ihn wahrscheinlich von Frankfurt/Oder her, wo Zschokke studiert und danach drei Jahre bis 1795 als Privatdozent gelehrt hatte. Zschokke war vielseitig und umtriebig, von wackerer republikanischer Gesinnung, er führte eine flinke Feder, hatte einen Bestseller geschrieben, betätigte sich als Politiker, als Pädagoge, förderte junge Talente und rührte später als Zei-

> Es war eine finstre Nacht als ich in das neue Vaterland [!] trat. Ein stiller Landregen fiel überall nieder. Ich suchte Sterne in den Wolken und dachte mancherlei. Denn Nahes und Fernes, Alles war so dunkel. Mir war's, wie ein Eintrit in ein anderes Leben.
> *An Ulrike von Kleist, 16. Dezember 1801*

31 Heinrich Zschokke

tungsherausgeber für Kleist die Trommel. Daß er sich nicht mehr am Ort aufhielt, erfüllte Kleist mit schlimmen Vorahnungen: »Ach, Ulrike, ein unglückseliger Geist geht durch die Schweiz. Es feinden sich die Bürger untereinander an.« Knapp zwei Wochen blieb er in Basel, wo er unter anderem die Kunstsammlung in der öffentlichen Bibliothek besuchte, und war vor allem damit beschäftigt, sein Gepäck zu ordnen und mit Lose, der sich von ihm im Streit getrennt hatte, wieder ins Reine zu kommen. Dann ging es weiter nach Bern.

Zschokke nahm ihn herzlich auf. Seine Freunde waren auch bald Kleists Freunde, insbesondere der bei einer Berner Behörde angestellte Ludwig Wieland, der Sohn des Großschriftstellers, und Heinrich Geßner, Wielands Schwager und Hauswirt. Wieland (1777–1819) war ein munterer Bursche mit aufrührerischen Ideen und einem losen Mundwerk, der wie Kleist, so Zschokke in seiner Autobiographie, für Goethe und die neueste romantische Schule schwärmte, während Geßner (1768–1813), Sohn des berühmten Schweizer Idyllendichters und dessen buchhändlerischer Nachfolger, einen eher ruhigen Part spielte, im übrigen aber Kleists erster Verleger werden sollte. In diesem Kreis testete Kleist zum ersten Mal das vielleicht schon in Paris skizzierte Trauerspiel ›Die Familie Schroffenstein‹. Der Effekt war umwerfend – umwerfend ko-

> Aus den Zeitungen [...] wirst Du ersehen haben, daß ich am Ende des alten Jahres meine Stelle in Basel niedergelegt habe [...] Frankreich erhält die Schweiz fortdauernd in Abhängigkeit und revolutionären Bewegungen – die öffentlichen Ämter sind bei jeder Revolution unsicher [...]. Ich stehe wegen eines Landgutes in verschiedenen Gegenden in Unterhandlung.
>
> *Heinrich Zschokke an einen Freund, 25. Februar 1802*

misch, denn, so abermals Zschokke, bei Kleists Lesung »ward im letzten Akt das allseitige Gelächter der Zuhörerschaft, wie auch des Dichters, so stürmisch und endlos, daß, bis zu seiner letzten Mordsscene zu gelangen, Unmöglichkeit wurde.« Außerdem scheint Kleist hier zu seinem Jahre später ausgearbeiteten Lustspiel ›Der zerbrochne Krug‹ angeregt worden zu sein. In Zschokkes Berner Wohnung (»in der Gerechtigkeits-Gasse neben dem Caffé italien«) hing ein Kupferstich mit dem Titel ›Le Juge ou la Cruche cassée‹ (Der Richter oder der Zerbrochene Krug), wie Kleist selbst bezeugte.

Kleists Pläne reiften. Er sah sich nach einem geeigneten Bauernhof um, hatte auch schon konkrete Angebote, studierte landwirtschaftliche Lehrbücher, beriet sich mit seinen Freunden und erkundigte sich bei Fachleuten. Da die Parisreise sein Kapital größtenteils verschlungen hatte, wandte er sich vertrauensvoll an Ulrike und überredete sie, als stille Teilhaberin ihm das Geld zum Erwerb eines Guts vorzustrecken. Als das Geld dann eintraf, war es wieder einmal zu spät. Die politische Lage war hochexplosiv geworden, die Schweiz stand kurz vor einem Bürgerkrieg, man befürchtete eine französische Okkupation. Aus der Traum vom Edelmann als Bauer, wenigstens vorläufig! »Mich erschreckt die bloße Möglichkeit, statt eines Schweizerbürgers durch einen Taschenspielerskunstgriff ein Franzose zu werden. […] Unter diesen Umständen denke ich nicht einmal daran, mich in der Schweiz anzukaufen«, schrieb Kleist aus Thun, wo er sich seit Ende Januar aufhielt, an Zschokke. Nun übe er sich eben in Geduld: »Ich habe mir eine Insel in der Aare gemiethet, mit einem wohleingerichteten Häuschen, das ich in diesem Jahre bewohnen werde, um abzuwarten, wie sich die Dissonanz der Dinge auflösen wird.«

Wir vereinigten uns auch, wie *Virgil's* Hirten, zum poetischen Wettkampf. In meinem Zimmer hing ein französischer Kupferstich, ›la cruche cassée‹. In den Figuren desselben glaubten wir ein trauriges Liebespärchen, eine keifende Mutter mit einem zerbrochenen Majolika-Kruge, und einen großnasigen Richter zu erkennen. Für *Wieland* sollte dies Aufgabe zu einer Satyre, für Kleist zu einem Lustspiele, für mich zu einer Erzählung werden.
Heinrich Zschokke, 1842

»ERSCHEINUNG EINES NEUEN DICHTERS« (1801–1804)

32 Kleists Inseldomizil auf der Aare-Insel bei Thun

Anfang April bezog Kleist sein Inseldomizil; kurz zuvor hatte er mit Zschokke und Wieland noch eine Fußwanderung von Bern nach Aarau unternommen. Das »wohleingerichtete Häuschen«, 1940 wegen Baufälligkeit abgerissen, stand auf dem ›Oberen Inseli‹ im Ausfluß der Aare aus dem Thuner See. Kleist genoß die Abgeschiedenheit (»Ich komme selten

> Er hatte auf einer Insel der Aar ein kleines Landhaus dem unsrigen gegenüber gemietet; er brütete über einem Trauerspiel, in dem der Held auf der Bühne an der Pest stirbt. Oft sahen wir ihn stundenlang in einem braunen Curé [Pelzmantel] auf seiner Insel, mit den Armen fechtend, auf und ab rennen und deklamieren.
>
> *Ein Augenzeuge*

> An die Mauer plätschert das Aarewasser [...]. Von der Terrasse an der Südseite hat man jetzt, wie damals, die überwältigende Rundsicht. Wir treten durch das niedere Türchen. Ein schmaler Gang und bloß zwei Meter hoch. Eine Küche, drei auf drei Meter im Geviert. Ein schmaler Wohnraum im Westflügel, fünf auf drei Meter. Ebenso im ersten Stock. Hier sind einige Wappen in die winzigen Fensterscheiben geritzt [...] und alle tragen dieselbe Jahreszahl 1760. *Das Häuschen auf der Insel, geschildert 1927*

von der Insel, sehe niemand, lese keine Bücher, Zeitungen, kurz, brauche nichts, als mich selbst«). In einem der wenigen Briefe aus dieser Zeit malte er für Ulrike ein folkloristisches Idyll mit einem »Mädeli«, das ihm den Haushalt besorge, Blumen im Garten pflanze und sonntags »ihre schöne Schwyzertracht« anziehe, mit einer wöchentlichen Kahnpartie ins nahe Thun, mit einem Fischer und dem nächtlichen See. Seine ganze Energie und seinen ganzen Ehrgeiz konzentrierte er hier auf die Dichtung. An der ›Familie Schroffenstein‹ wurde emsig weitergefeilt, und unermüdlich machte Kleist immer neue Anläufe, mit der Tragödie ›Robert Guiskard‹, von der er sich schriftstellerischen Ruhm und die Anerkennung seiner Familie erhoffte, zu Rande zu kommen (»ich arbeite unaufhörlich um Befreiung von der Verbannung«). Mit Wilhelmine von Zenge, die ihm nicht in die Schweiz gefolgt war, hatte er gebrochen; sein letzter Brief an sie, vom 20. Mai, enthält den in heroischer Pose geschriebenen Satz: »Ihr Weiber versteht in der Regel ein Wort in der deutschen Sprache nicht, es heißt Ehrgeiz.«

Im August erhielt Kleists Schwager und Vermögensverwalter Wilhelm von Pannwitz aus Bern die unvermutete Nachricht: »Ich liege seit zwei Monaten krank in Bern, und bin um 70 französische Louisdors gekommen, worunter 30, die ich mir durch eigne Arbeit [Honorar für das ›Schroffenstein‹-Manuskript] verdient hatte.« Postwendend fuhr Ulrike

> Weißt Du auch was Schriftstellerei, als Nahrungszweig getrieben, an sich selbst, und besonders heutzutag in Deutschland ist? Es ist das elendeste, ungewisseste und verächtlichste Handwerk, das ein Mensch treiben kann – der sicherste Weg im Hospital zu sterben.
> *Christoph Martin Wieland an seinen Sohn Ludwig, 9.–16. August 1802*

los, jagte zwischen verfeindeten Bürgerkriegstruppen hindurch in das belagerte Bern, machte den »Doctor und Apotheker Wyttenbach«, den Kleist als seinen Arzt und Gläubiger angegeben hatte, ausfindig und – traf ihren Bruder gesund und munter an. Darauf verbrachten die Geschwister einige Tage auf der Insel. Sie unternahmen einige Ausflüge und gingen dann nach Bern. Angesichts der zugespitzten politischen Situation einigte man sich, die Schweiz bald zu verlassen. Nur wußte Kleist noch nicht genau wohin. Die Karte, auf die er alles hatte setzen wollen, der ›Robert Guiskard‹, war noch nicht ausgespielt. Als der freche Ludwig Wieland Mitte Oktober aus politischen Gründen des Landes verwiesen wurde und überstürzt abreisen mußte, gingen die Geschwister mit. Sie waren, wie Geßner an Zschokke schrieb, »in einer Stunde fort«. Am 30. November druckte das ›Zürcherische Intelligenz-Blatt‹ folgende Annonce: »In der Geßnerischen Buchhandlung beym Schwanen ist zu haben: […] Die Familie Schroffenstein. Ein Trauerspiel in 5 Aufzügen. 8 [Oktavformat] a 16 Bazen.«

»Eine elende Scharteke«

Kleists erste Publikation erschien ohne Nennung des Autors. Das war bei literarischen Premieren damals durchaus nicht ungewöhnlich, ebensowenig der Umstand, daß ›Die Familie Schroffenstein‹ im Impressum des Titelblatts auf 1803 vordatiert wurde. Allerdings besaß die Anonymität insofern eine

> Kleists erstes Drama, wenngleich als Dichtung mißglückt, ist vielleicht dennoch die kühnste seiner tragischen Konzeptionen. […] Einzig in der ›Penthesilea‹ hat Kleist der Unerbittlichkeit seiner frühen Gedanken die Treue gehalten. […] Eines ihrer Grundthemen hat die ›Die Familie Schroffenstein‹ mit ›Romeo und Julia‹ gemein, dessen Dichter als Kleists Vorbild gilt: die Liebe zwischen Kindern verfeindeter Eltern. Die tragische Einheit von Feindschaft und Liebe: daß die Liebenden als Kinder ihrer Eltern sich hassen müssen, bestimmt beide Werke. Aber schon in diesem Ansatz geht Kleist an tragischer Schärfe über Shakespeare hinaus, indem er an die Stelle der beiden verfeindeten Familien zwei Stämme einer einzigen setzt, die Häuser Rossitz und Warwand. Die Zwietracht hat so in ihrem Ursprung die Eintracht.
> Peter Szondi, ›Versuch über das Tragische‹, 1964

gewisse Berechtigung, als Kleist keinen Einfluß auf die Drucklegung und damit auf die Gestalt, in welcher der Text schließlich herauskam, genommen hatte. Man vermutet – eindeutige Zeugnisse zur Publikationsgeschichte fehlen –, daß Kleist seinem Verleger lediglich das Manuskript lieferte und Geßner, vor allem aber Ludwig Wieland den Text nach eigenem Gutdünken redigierten und drucken ließen. Das Produkt war mit heißer Nadel gestrickt; bereits der erste Rezensent rügte den »höchst inkorrekten Druck«, und unter gut unterrichteten Zeitgenossen hieß es später, der Text »soll von unberufenen Herausgebern, wo nicht seiner besten Reitze beraubt, doch so ausstaffirt worden seyn, daß von der ursprünglichen Gestalt wenig oder nichts zu erkennen ist.« Viele Jahre lang figurierte in Schriftstellerlexika und bibliographischen Nachschlagewerken nicht Kleist, sondern sein Freund Wieland als Autor des Stücks.

Die dramaturgische Struktur wirkt wie mit mathematischem Kalkül am Reißbrett entworfen: Zwischen den beiden Stämmen der Familie Schroffenstein, den Häusern Rossitz und Warwand, entbrennt eine unversöhnliche Feindschaft durch einen Erbvertrag, in welchem festgelegt ist, daß beim Aus-

33 Titelblatt der anonym erschienenen Erstausgabe der ›Familie Schroffenstein‹

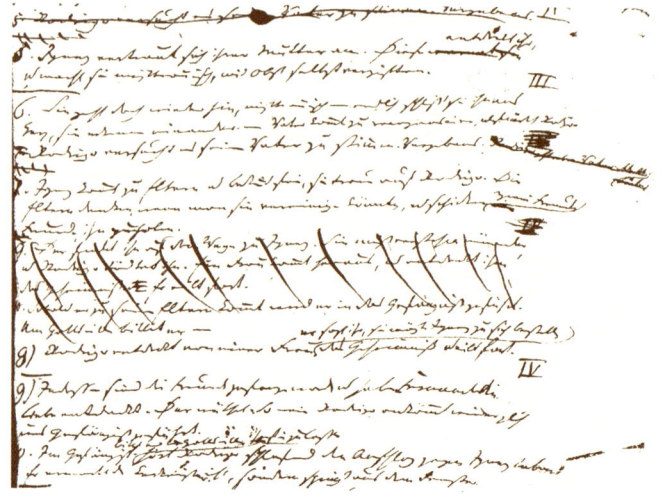

34 Entwurf der Szenenfolge für ›Die Familie Schroffenstein‹ (Detail)

sterben der einen Linie deren ganzer Besitz an die andere fällt. Der Vertrag, der ein friedliches Miteinander garantieren sollte, wird, in paradoxer Verkehrung, zum Auslöser von Mißtrauen, Verdächtigungen, Schuldzuweisungen und Mißverständnissen, die unaufhaltsam eskalieren und sich schließlich in blinder Rachsucht entladen. Wie Joseph Görres in einer Rezension bemerkte, »ist eine große architectonische Regularität in dem Stücke; wie zwei Säulenordnungen stehen die beiden Familien einander gegenüber, und wie eine der Säulen auf jener Seite stürzt, folgt eine auf der entgegengesetzten nach.« Die Kette mörderischer Fehldeutungen der Realität steht unter dem Diktat des Schicksals, Auswege scheint es keine zu geben. Die Liebe zwischen Ottokar und Agnes, Shakespeares

> Das Stück ist gräßlich, und man wird weder die Verstiegenheit der Erfindung noch den Mangel an Geschmack verteidigen wollen.
>
> *Hans Heinz Holz, ›Macht und Ohnmacht der Sprache‹, 1962*

›Romeo und Julia‹ nachgebildet, utopische Alternative einer Sprache des Herzens, bleibt ohnmächtig auf der Strecke. Nicht ohne Boshaftigkeit notierte Kleist am Rand der Handschrift: »Das Schicksal ist ein Taschenspieler – Sturm der Leidenschaft, Raub des Irrthums, Himmel – hat uns zum Narren.« Und die hexenhafte Totengräberswitwe Ursula offenbart in ihrem Schlußwort die zynische Moral der Geschicht': »S'ist abgethan, mein Püppchen. Wenn Ihr euch todtschlagt, ist es ein Versehen.«

Bei der Kritik stieß Kleists anonymer Erstling auf Beifall. Der erste Rezensent feierte das Stück gar als »Wiege des Genies« und meldete dem Publikum, halb Prophet, halb Sternengucker, die »Erscheinung eines neuen Dichters [...], eines unbekannten und ungenannten, aber wirklich eines *Dichters*.« Kleist selbst gab sich nüchterner. Zwar machte er seine Familie auf diese hymnische Besprechung aufmerksam, mahnte aber zugleich zur Geduld: »Ich schwöre euch, daß ich noch viel mehr von mir weiß [...]. Aber ich muß Zeit haben, Zeit muß ich haben – O ihr Erynnien mit eurer Liebe!« Sie sollten ja nicht meinen, daß er mit diesem Stück schon am Ziel seiner Wünsche wäre – und deshalb nun nach Hause müsse. Mit Ausnahme der »allernächsten Verwandten« dürfe niemand erfahren, daß er hinter der ›Familie Schroffenstein‹ stecke. Und überhaupt: »Thut mir den Gefallen und *leset das Buch nicht*. Ich bitte euch darum. Es ist eine elende Scharteke [diesen Satz strich Kleist, doch man konnte ihn weiterhin lesen]. Kurz, thut es nicht. Hört ihr?«

> *Göthe* und *Schiller* scheinen dem Verf. weniger zu Vorbildern gedient zu haben, als die Quelle der modernen dramatischen Poesie selbst – Shakspear, an dem sich sein Geist innig erwärmt hat.
> ›Zeitung für die elegante Welt‹, 30. Juli 1803

»Der Himmel versagt mir den Ruhm«

Christoph Martin Wieland, der seinem Sohn Ludwig im Juni 1802 geschrieben hatte: »Dein neuer Freund v. Kleist interessirt mich so sehr, daß du mich durch nähere Nachrichten von ihm sehr verbinden würdest«, konnte das Objekt seines Interesses nun im persönlichen Umgang studieren. Mitte November war Kleist, auf direktem Weg aus der Schweiz kommend, in Weimar hängengeblieben. Schwester Ulrike fuhr – wieder einmal – allein nach Hause zurück, der junge Wieland, dem die Geschwister Fahrt und Wegzehrung bezahlt hatten, war schon in Erfurt, einer »alten Jugendbekannten« zuliebe, aus der Kutsche gestiegen. Kleist hatte auf die Schnelle nur eine ärmliche Behausung gefunden (»Ich wohne hier zur Miethe, und hätte allerdings die Geschirre etc. brauchen können«). Die Arbeit am ›Robert Guiskard‹ wurde fortgesetzt. In den wenigen Pausen, die er sich gönnte, machte er Besuche in Oßmannstedt (»2 Stunden von Weimar«), wo der berühmte Wieland, den Kleist als junger Soldat begeistert gelesen hatte, mit seiner Familie auf einem Landgut lebte. Dieser hatte in Weimar ein Stadthaus erworben und wäre dorthin auch umgezogen – womit wohl Kleist geliebäugelt hatte –, wenn nur das Personal mitgespielt hätte; »Wieland hat sich nicht entschließen können«, erfuhr Ulrike von ihrem Bruder, »das Haus, in dem es spukt, zu beziehen. Wirklich, im Ernste, wegen seiner Bedienung, die er sonst hätte abschaffen müssen.«

Nach Wielands späterer Darstellung war das Verhältnis zwischen ihm und Kleist am Anfang sehr distanziert und wäre vermutlich abgebrochen, »wenn ich nicht durch meinen Sohn erfahren hätte, daß Kleist sich in seinem Quartier zu

> Er schien mich wie ein Sohn zu lieben und zu ehren; aber zu einem offenen und vertraulichen Benehmen war er nicht zu bringen. Unter mehrern Sonderlichkeiten, die an ihm auffallen mußten, war eine seltsame Art der Zerstreuung, wenn man mit ihm sprach, so daß z.B. ein einziges Wort eine ganze Reihe von Ideen in seinem Gehirn, wie ein Glockenspiel anzuziehen schien, und verursachte, daß er nichts weiter von dem, was man ihm sagte, hörte und also auch mit der Antwort zurückblieb. Eine andere Eigenheit und eine noch fatalere, weil sie zuweilen an Verrücktheit zu grenzen schien, war diese: daß er bei Tische sehr häufig etwas zwischen den Zähnen mit sich selbst murmelte und dabei das Air eines Menschen hatte,

Weimar so schlecht befinde, daß er eine Einladung, die übrige Zeit, die er sich noch in unserer Gegend aufzuhalten gedächte, bei mir in Oßmannstätt zu wohnen, mit Dank annehmen würde.« Und Kleist nahm an. Nach dem Weihnachtsfest, das er im Wielandschen Familienkreis verbrachte, meldete er Ulrike, mit einer hellsichtigen Vorahnung in Klammern: »Ich habe die Feiertage in Oßmanstädt zugebracht, und mich nun (trotz einer sehr hübschen Tochter Wielands) entschlossen, ganz hinauszuziehen«. »Wenigstens bis zum Frühjahr«

35 Christoph Martin Wieland. Gemälde um 1795/1797 von Johann Heinrich Wilhelm Tischbein

wollte er hierbleiben. Wieland, setzte er in die Welt, habe ihn ins Vertrauen gezogen und zu seinem Biographen bestimmt, dem er seine Lebensgeschichte erzähle. Glaubt man hingegen Wielands Zeugnis – und wenig spricht dagegen –, so war Kleist in sich eingekapselt, von seiner ›Guiskard‹-Tragödie, »diesem fatalen Werk seines Verhängnisses« (Wieland), vollständig absorbiert. Wieland ließ nichts unversucht, sich Einblicke in Kleists ominöses Projekt zu verschaffen. Eines Nachmittags endlich die »glückliche Stunde«, so Wieland. Kleist deklamierte aus dem Gedächtnis »einige der wesentlichsten Scenen und mehrere morceaux aus andern.« Wieland war, wie er sich erinnerte, »erstaunt« – ein

der sich allein glaubt oder mit seinen Gedanken an einem andern Ort und mit einem ganz andern Gegenstand beschäftigt ist. Er mußte mir endlich gestehen, daß er in solchen Augenblicken von Abwesenheit mit seinem *Drama* zu schaffen hatte, und dies nötigte ihn, mir gern oder ungern zu entdecken, daß er an einem Trauerspiel arbeite, aber ein so hohes und vollkommenes Ideal davon seinem Geistes vorschweben habe, daß es ihm noch immer unmöglich gewesen sei, es zu Papier zu bringen.
Christoph Martin Wieland an Dr. Wedekind, 10. April 1804

dezenter Ausdruck angesichts des Urteils, das in seiner Schilderung dann folgte: »Wenn die Geister des Äschylus, Sophokles und Shakespear sich vereinigten eine Tragödie zu schaffen, so würde das sein was Kleists Tod *Guiscards des Normanns*, sofern das Ganze demjenigen entspräche, was er mich damals hören ließ.« Auch Kleist sollte diese Szene (»bei dem Kamin«) nie vergessen: »Das war der stolzeste Augenblick meines Lebens.«

Ende Februar verließ Kleist fluchtartig Gut Oßmannstedt. Er und die noch nicht vierzehnjährige Luise, die »sehr hübsche Tochter Wielands«, waren einander offenbar zu nahe gekommen. Mit einem Empfehlungsschreiben Wielands an den Leipziger Verleger Göschen in der Tasche, verkroch er sich zunächst in einem Weimarer »Wirthshause«. »Es waren recht traurige Tage«, so an Ulrike am 13. März aus Leipzig. »Endlich entschloß ich mich nach Leipzig zu gehen. Ich weiß wahrhaftig kaum anzugeben, warum? – Kurz, ich bin hier.« Er blieb einen knappen Monat und nahm Deklamationsunterricht bei einem Universitätslektor namens Kerndörffer: »Meine eigne Tragödie [...] müßte, gut declamirt, eine bessere Wirkung thun, als schlecht vorgestellt.« (Kleist stand der Aufführungspraxis des zeitgenössischen Theaters stets skeptisch bis ablehnend gegenüber.)

Kleists nächste Station hieß Dresden, kaum verwunderlich angesichts der glücklichen Tage im Mai vor zwei Jahren. Die innige Beziehung mit den beiden Fräulein von Schlieben wurde erneuert. Auch alte Freunde aus Potsdamer Tagen

36 Gut Oßmannstedt

waren hier. Er feierte ein Wiedersehen mit Ernst von Pfuel und Rühle von Lilienstern, traf wieder mit Friedrich de la Motte Fouqué (1777–1843) zusammen, ein Bekannter aus der Militärzeit auch er, und war zur Stelle, als das Ehepaar Werdeck – mit ihr hatte er einst von Paris aus den abgerissenen Kontakt wiederhergestellt – in Dresden eintraf. Eine kurze Begegnung hatte Kleist mit dem Satiriker und Pädagogen Johann Daniel Falk. Dessen ›Amphitruon‹, im folgenden Jahr erschienen, hat Kleist bei der Ausarbeitung seines eigenen Lustspiels höchstwahrscheinlich zu Rate gezogen.

Pfuel, der im Juni aus dem Militär ausgeschieden war, unterbreitete Kleist ein verlockendes Angebot: Er solle ihn in die Schweiz begleiten und dort den ›Guiskard‹ vollenden. Das konnte Kleist unmöglich ausschlagen. Um Pfuel nicht auf der Tasche zu liegen – ursprünglich wollte er alle Kosten alleine tragen –, erbettelte sich Kleist von Ulrike das Reisegeld, die bald darauf nach Dresden kam und ihm das Gewünschte höchsteigenhändig überreichte. Die Unterschrift des Bettelbriefs verwendete übrigens, erstmals seit Jahren wieder, das standesgemäße ›von‹. Als Kleist der Familie dann auch noch einen Brief Wielands zuschickte (»Sie *müssen* Ihren Guiscard vollenden, und wenn der ganze Kaukasus und Alles auf Sie drückte«), dürfte man in Frankfurt und Umgebung einstweilen beruhigt gewesen sein.

Mitte Juli trat Kleist seine zweite Schweizreise an. Es beginnt, so der zutreffende Titel eines Buches über diesen Lebensabschnitt, ›Kleist's lost year‹. Von nun an werden Kleists Spuren zunehmend blasser (bis Juni 1804 sind lediglich zwei Briefe überliefert), die wenigen Zeugnisse, Gegenstand zahlreicher gelehrter Vermutungen und Kontroversen, werden immer fragwürdiger, die ersten Monate des folgenden Jahres wird er so gut wie unsichtbar sein. Für die Zeit bis Ende Au-

Der Rest meines Vermögens ist aufgezehrt, und ich soll das Anerbieten eines Freundes [Ernst von Pfuel] annehmen, von seinem Gelde so lange zu leben, bis ich eine gewisse Entdeckung im Gebiete der Kunst, die ihn sehr interessirt, völlig ins Licht gestellt habe. Ich soll in spätestens zwölf Tagen mit ihm nach der Schweiz gehen, wo ich diese meine litterarische Arbeit, die sich allerdings über meine Erwartung hinaus verzögert, unter seinen Augen vollenden soll.

An Ulrike von Kleist, 3. Juli 1803

gust sind wir hauptsächlich auf Tagebuchaufzeichnungen des Ehepaars Werdeck angewiesen, mit dem Kleist und Pfuel ein Treffen in Bern verabredet hatten. Offenbar waren die beiden Freunde zunächst nach Bern, von dort nach Thun gegangen. Mit den Werdecks unternahmen sie gemeinsame Ausflüge sowie eine ausgedehnte Reise, die, wie man glaubt, nach Mailand und Varese, dem damaligen Wohnort Friedrich Loses, führte. Als die Werdecks nach Paris weiterfuhren, blieben Kleist und Pfuel vorübergehend in Thun. Dann brachen auch sie in die französische Hauptstadt auf. Am 5. Oktober, von Genf aus, der Offenbarungseid: das ehrgeizige Tragödienprojekt ›Robert Guiskard‹ war gescheitert. Zudem: Geßner hatte das restliche Honorar für ›Die Familie Schroffenstein‹ nicht ausbezahlt: »Ich bin jetzt auf dem Wege nach Paris sehr entschlossen, ohne große Wahl zuzugreifen, wo sich etwas finden wird.«

Zehn Tage später, »wie von der Furie getrieben«, erreichten sie Paris. Kleist und Pfuel gerieten in heftigen Streit; Pfuel habe ihn, so Kleist mehr als ein Jahr später, »in dem schlechtesten Loche von Frankreich auf eine wahrhaft erhabene Art, beinahe wie der Erzengel seinen gefallnen Bruder in der Messiade, ausgescholten.« Derlei Vorhaltungen mochten für Kleist, maßlos deprimiert, wie er ohnedies schon war, unerträglich gewesen sein. Unverrichteter Dinge begab er sich ins nordfranzösische St. Omer, wo er in die napoleonische Armee, die eine Invasion Englands vorbereitete, eintreten wollte. Am 26. Oktober richtete er von dort einen Abschiedsbrief an seine Schwester: Er habe sein Werk, »so weit es fertig war, durchlesen, verworfen, und verbrannt: und nun ist es aus. Der Himmel versagt mir den Ruhm, das größte der Güter der Erde; ich werfe ihm, wie ein eigensinniges Kind, alle übrigen hin. [...] ich frohlocke bei der Aussicht auf

> Der Himmel weiß [...], wie gern ich einen Blutstropfen aus meinem Herzen für jeden Buchstaben eines Briefes gäbe, der so anfangen könnte: ›mein Gedicht ist fertig‹. Aber, du weißt, wer, nach dem Sprüchwort, mehr thut, als er kann. Ich habe nun ein Halbtausend hinter einander folgender Tage, die Nächte der meisten mit eingerechnet, an den Versuch gesetzt, zu so vielen Kränzen noch einen auf unsere Familie herabzuringen: jetzt ruft mir unsere heilige Schutzgöttinn zu, daß es genug sei. [...] Thörigt wäre es wenigstens, wenn ich meine Kräfte länger an ein Werk setzen wollte, das, wie ich mich

37 Phantasiebild eines französischen Angriffs auf England. Kolorierter Kupferstich von J. Ch. Thilorier aus dem Jahr 1804

das unendlich-prächtige Grab. O du Geliebte, du wirst mein letzter Gedanke sein!« Mit der testamentarischen Unterschrift: »Heinrich von Kleist«. Doch weder wurde Kleist französischer Soldat, noch fand die geplante Invasion jemals statt. Anfang Dezember versuchte Kleist noch ein zweites Mal, sich den in Nordfrankreich zusammengezogenen Truppen anzuschließen, entging anscheinend aber nur knapp der Gefahr, als Spion gefaßt und hingerichtet zu werden. Daraufhin erteilte ihm der preußische Botschafter in Paris die strikte Weisung, unverzüglich nach Preußen zurückzureisen.

Es wurde eine Reise mit Unterbrechungen. Kleist, so seine spätere Darstellung, erreichte gerade noch Mainz, wo er »endlich krank niedersank, und nahe an fünf Monaten ab-

endlich überzeugen muß, für mich zu schwer ist. Ich trete vor Einem zurück, der noch nicht da ist, und beuge mich, ein Jahrtausend im Voraus, vor seinem Geiste.
*An Ulrike von Kleist,
5. Oktober 1803*

8. Januar 1804: Heirat von Wilhelmine von Zenge und Wilhelm Traugott Krug in der Marienkirche in Frankfurt/Oder.
9. Januar 1804: ›Die Familie Schroffenstein‹ wird in Graz uraufgeführt.

wechselnd das Bett oder das Zimmer gehütet« haben wollte. Ob dies den Tatsachen entsprach, ist umstritten. Kleists Leben zwischen Ende Dezember 1803 und Juni 1804 liegt im dunkeln. Als gesichert gilt nur, daß der Arzt und Schriftsteller Georg Wedekind, ein ehemaliger Jakobiner und Brieffreund des alten Wieland, sich seiner annahm und ihn in Mainz, vielleicht auch in Kreuznach beherbergte. Nach unbestätigten Aussagen sei Kleist entschlossen gewesen, »in Koblenz sich sein Brot als Tischler zu verdienen«, einer anderen Quelle zufolge habe Wedekind versucht, den »liebenswürdigen Unglücklichen« bei der französischen Departementsverwaltung, zuständig für die linksrheinischen Gebiete, unterzubringen. In dem Tagebuch des Weimarer Verlegersohns Karl Bertuch, der sich zu dieser Zeit in Paris aufhielt, taucht zwischen Februar und Mai mehrfach der Name Kleist auf. Besagter Kleist sei, wie eine neuere Hypothese wissen will, mit Heinrich identisch und dieser habe, möglicherweise als Kurier im Auftrag des Dr. Wedekind, mehrfach die französische Hauptstadt aufgesucht; Kritiker dieser Ansicht behaupten demgegenüber, daß es sich bei dem Kleist des Tagebuchs um einen Namensvetter gehandelt hat.

38 Georg Wedekind

Kleist hatte sein Leben auf den Wahlspruch gestellt: »Alles oder Nichts«; nun lag das Nichts offen vor ihm, und in dieser fürchterlichen Krise begann sein Geist sich zu verwirren. Er reiste […] nach Paris; aber er dachte nur noch an den Tod. Er forderte Pfuel von Neuem vergeblich auf, mit ihm gemeinsam zu sterben. Seine Seele verbitterte sich auch gegen den Freund, wie sie sich gegen alle Andern verbittert hatte; und da er sich eines Tages mit dem vollen Hochmuth des Elends gegen ihn ausgeschüttet und ihn zu heftigem, zurechtweisendem Widerspruch gereizt hatte, eilte er verzweifelnd davon, verbrannte seinen ›Guiskard‹ und alle seine Papiere und entfloh aus Paris.
Nach Ernst von Pfuels Erinnerung, 1863

Staatsdienst und Gefangenschaft

Juni 1804, im Charlottenburger Schloß: Kleist, wieder aufgetaucht, zur Audienz bei Karl Leopold von Köckeritz, dem Generaladjutanten des Königs – ein »ehrlicher, wohlmeinender Mann«, so der Freiherr vom Stein, aber auch »beschränkt, ungebildet, geschwätzig, nur der flachsten Ansichten fähig«. Die Familie hatte nun keine Geduld mehr, höchste Zeit, daß sich ihr schwarzes Schaf ernsthaft um einen gesicherten Posten bemühte. Außerdem war da noch die Affäre mit dem beabsichtigten Eintritt in die napoleonische Armee – ein glatter Wortbruch (siehe den Revers aus dem Jahr 1799) und überhaupt, ein Kleist in den Reihen des Feindes! –, eine schimpfliche Verurteilung wegen Hochverrats schien nicht ausgeschlossen, die Ehre der ganzen Sippe stand auf dem Spiel. Die demütigende Szene im Schloß, bei der ihm »wirklich die Thränen in die Augen traten«, schilderte Kleist, als sei's ein Stück Literatur, seiner Schwester Ulrike: Köckeritz »nahm das Schnupftuch aus der Tasche und schnaubte sich. ›Wenn er mir die Wahrheit gestehen solle‹, fieng er an […],

39 Schloß Charlottenburg. Stahlstich von J. Poppel, um 1830

> Er [Köckeritz] empfing mich mit einem finstern Gesichte, und antwortete auf meine Frage, ob ich die Ehre hätte von ihm gekannt zu sein, mit einem kurzen: ja. Ich käme, fuhr ich fort, ihn in meiner wunderlichen Angelegenheit um Rath zu fragen. Der Marquis von Lucchesini [preußischer Botschafter in Paris] hätte einen sonderbaren Brief, den ich ihm aus St. Omer zugeschickt, dem Könige vorgelegt. Dieser Brief müsse unverkennbare Zeichen einer Gemüthskrankheit enthalten, und ich unterstünde mich, von Sr. Majestät Gerechtigkeit zu hoffen, daß er vor keinen politischen Richterstuhl gezogen werden würde. [...] Darauf versetzte er nach einer Weile: ›sind Sie wirklich jetzt hergestellt? Ganz, verstehn Sie mich, hergestellt? – Ich meine‹, fuhr er, da ich ihn befremdet ansah, mit Heftigkeit fort, ›ob Sie von allen Ideen und Schwindeln, die vor Kurzem im Schwange waren, (er gebrauchte diese Wörter) völlig hergestellt sind?‹ – Ich verstünde ihn nicht, antwortete ich mit so vieler Ruhe als ich zusammenfassen konnte; ich wäre körperlich krank gewesen, und fühlte mich, bis auf eine gewisse Schwäche, die das Bad vielleicht heben würde, so ziemlich wieder hergestellt.«
>
> An Ulrike von Kleist, 24. Juni 1804

›so könne er mir nicht verhehlen, daß er sehr ungünstig von mir denke. Ich hätte das Militair verlassen, dem Civil den Rücken gekehrt, das Ausland durchstreift, mich in der Schweiz ankaufen wollen, *Versche* gemacht (o meine theure Ulrike!) die Landung mitmachen wollen, etc. etc. [...] Er könne nichts für mich thun‹«. Wehrlos, wie Kleist war, lag seine einzige Chance im Mitleid. Um der bedrohlichen »Einschiffungsgeschichte« die Spitze zu nehmen, wies er jegliche politische Motivation entschieden von sich und erklärte, »sie gehöre vor das Forum eines Arztes weit eher, als des Cabinets. [...] Es wäre doch grausam, wenn man einen Kranken verantwortlich machen wolle für Handlungen, die er im Anfalle der Schmerzen begieng.« Das schien seine Wirkung auf den bärbeißigen Köckeritz nicht zu verfehlen. Als dann jedoch Kleist damit anfing, der König hätte ihm beim Ausscheiden aus der Armee eine künftige Anstellung im Zivildienst versprochen, »hohlte« der Generaladjutant »mit Einem-

40 König Friedrich Wilhelm III. von Preußen (1770–1840). Das Gemälde entstand bald nach dem Tod der Königin Luise.

male das alte Gesicht wieder hervor, und sagte: ›Es wird Ihnen nichts helfen. Der König hat eine vorgefaßte Meinung gegen Sie; ich zweifle daß Sie sie ihm benehmen werden. Versuchen Sie es, und schreiben Sie an ihn‹«.

Kleist tat, wie ihm geraten. Und zwar ohne Katzbuckelei, ließ er Ulrike wissen: »Jetzt habe ich dem Könige nun wirklich geschrieben; doch weil das Anerbieten meiner Dienste wahrscheinlich fruchtlos bleiben wird, so habe ich es wenigstens in einer Sprache gethan, welche geführt

41 Karl Leopold von Köckeritz (1762–1821)

zu haben, mich nicht gereuen wird.« Er sollte sich täuschen. Am letzten Tag des Juli wurde ihm mitgeteilt, daß sein »Anerbieten« akzeptiert worden war. Eine andere Perspektive, die sich inzwischen, möglicherweise auf Initiative der Potsdamer Kusine Marie von Kleist, aufgetan hatte, war damit passé. Pierre von Gualtieri, Maries ältester Bruder, war unlängst zum preußischen Gesandten in Spanien ernannt worden und hatte Kleist den – unbesoldeten – Posten eines Attachés angeboten, eine Stelle mit Aufstiegschancen. Kleist kannte den eleganten und gebildeten Mann, der zur Prominenz der Berliner Gesellschaft zählte, aus seiner Potsdamer Zeit und war ihm auch im Winter 1800/01 wohl mehrfach begegnet. Im Gegensatz zu früheren Plänen wirkte Kleist diesmal aber nur wenig entschlußfreudig. Er hätte mehr Geld gebraucht, weit mehr als die monatlichen 25 Reichstaler, die ihm die Familie auf drei Jahre gewähren wollte. Außerdem galt Madrid unter preußischen Diplomaten als Verbannungs-

---

Der gute Pierre! Der liebe, gute, wunderliche Pierre! – Ich liebte ihn wirklich, obwohl er mich, wie alle Übrigen, verachtete. Denn ich wußte, er verachtete in mir nichts, als die Menschheit, nichts, was er nicht in sich auch verachtet hätte. [...] So viel Stoff zum Glücke, und so wenig *Fähigkeit* des Genusses!

An Marie von Kleist, Juli 1805

42 Kleists Kusine Marie von Kleist

ort. Lange hätte er sich Gualtieris Wohlwollen nicht erfreuen können, denn der starb schon im Mai des folgenden Jahres.

Kleists guter Engel wurde fortan seine Kusine Marie. So verdankte er ihr vermutlich die Bekanntschaft mit ihrem Schwager, dem Oberst Christian von Massenbach, der, ein Studienfreund Schillers, sich auch als Verfasser mathematischer und militärtheoretischer Schriften betätigte. Er empfahl den in einem »heillosen Gasthofe« künftiger Dinge ungeduldig harrenden Kleist dem damaligen preußischen Außenminister Karl August von Hardenberg, und der wiederum stellte ihn dem Oberfinanzrat Karl Freiherr von Stein zum Altenstein vor – eine Seilschaft preußischer Staatsreformer. Im Januar 1805 wurde Kleist im Finanzdepartement angestellt. Sein neuer Chef Altenstein saß damals über einer Verfassung für die seit 1791 zu Preußen gehörenden Fürstentümer Bayreuth und Ansbach und hielt Ausschau nach Mitarbeitern für die künftige Administration der beiden Provinzen, wo staatliche und wirtschaftliche Reformkonzepte erprobt werden sollten. Kleist schien ihm für diese Aufgabe geeignet. Altenstein nahm sich seiner freundschaftlich an, und Anfang Mai vermittelte er ihn zur weiteren Ausbildung auf ein Jahr an die Kriegs- und Domänenkammer (Vorläufer der späteren ostpreußischen Regierung) nach Königsberg.

> Der jetzige Minister Altenstein gewann ihn lieb, und handelte für ihn. Eines Tages nahm er ihn in seinen Wagen fuhr mit ihm zu Hardenberg und sagte Exzellenz hier stelle ich Ihnen einen jungen Mann vor, wie ihn das Vaterland braucht, lernen Sie ihn kennen, und geben Sie ihm eine Anstellung. Hardenberg ließ ihm ins Altensteinsche Büreau arbeiten, und Heinrich arbeitete mit großem Fleiße.
>
> *Ulrike von Kleist, 1828*

43 Königsberg. Ansicht der Stadt von den Friedländer Mühlen aus gesehen. Farblithographie, um 1840.

In der ostpreußischen Handelsmetropole, wo Immanuel Kant 1804 gestorben war, herrschte ein anderer Geist als in der Residenz. Die Stadt war weltoffen, ihre Universität ein Ort modernen Denkens, die wohlhabende Region profitierte vom schwunghaften Export von Getreide, fortschrittlich gesonnene Männer an der Spitze der Verwaltung betrieben insgeheim die Liberalisierung von Wirtschaft und Gesellschaft nach englischem Vorbild. Kleist konnte hier, wie von Altenstein beabsichtigt, Ansätze der künftigen preußischen Reformen in der Praxis kennenlernen und in der Theorie. Schon eine Woche nach seiner Ankunft – er logierte zuerst in einem Hotel in der »Kehrwiederstraße« – hatte er seine erste Vorlesung bei dem Staatswissenschaftler Christian Jacob Kraus gehört, der die wirtschaftsliberalistischen Theorien Adam

> Vorgestern habe ich nun auch einer finanz-wissenschaftlichen Vorlesung des Professors Krause beigewohnt: ein kleiner, unansehnlich gebildeter Mann, der mit fest geschlossenen Augen, unter Gebährden, als ob er im Kreisen begriffen wäre, auf dem Katheder sitzt; aber wirklich Ideen, mit Hand und Fuß, wie man sagt, zur Welt bringt. Er streut Gedanken, wie ein Reicher Geld aus, mit vollen Händen, und führt keine Bücher bei sich, die sonst gewöhnlich, ein Nothpfennig, den öffentlichen Lehrern zur Seite liegen.
> *An Altenstein, 13. Mai 1805*

Smiths in Preußen propagierte und zu einem wichtigen Wegbereiter für die Reformer wurde. Um ebendiesen Kraus sollte ein halbes Jahrzehnt später in Kleists Tageszeitung ›Berliner Abendblätter‹ ein erbitterter Streit geführt werden.

Kleist zeigte sich eifrig und beflissen, mit seinen Vorgesetzten, durch die er in Kreise von Gelehrten und Reformpolitikern eingeführt wurde, stand er auf gutem Fuß. Neben seinen dienstlichen Verpflichtungen trieb ihn mancherlei um, wie aus seinem Briefwechsel mit Pfuel, der im ostpreußischen Johannisburg stationiert war, hervorgeht. Zum Beispiel die Entwicklung eines Unterseeboots (»Hydrostat«), an der er seine physikalischen Kenntnisse erprobte. Auch traf er in Königsberg alte Bekannte wieder: die Ex-Verlobte Wilhelmine von Zenge, jetzt Krug, und deren »goldene Schwester« Luise, die mit Wilhelmines Gemahl, den man auf Kants Lehrstuhl berufen hatte, an dessen neue Wirkungsstätte gezogen waren. Das erste Wiedersehen sei, so Krugs Erinnerung, für alle Beteiligten peinlich gewesen – was Wunder! –, doch habe man in der Folgezeit regen Umgang miteinander gepflegt. Außerdem war Ulrike im Sommer zu ihrem Bruder gezogen; sie blieb bis zum Frühjahr 1806. Ihre Anwesenheit dürfte die Familie etwas beruhigt haben. Bald schon waren in Kleists Briefen nämlich Töne laut geworden, die man als Anzeichen eines schwindenden Interesses hätte deuten können; etwa Anfang Juli, an Pfuel: »Ich bin auch bettlägrig, und leide schon seit 14 Tagen an rheumatischen Zufällen, und einem Wechselfieber, das mich [...] ganz auf den Hund bringt.« Und im November an Altenstein (»diesem vortrefflichen Mann, vor dem sich meine Seele erst jetzt, mit völliger Freiheit entwickeln kann«): »Ich habe diesen ganzen Herbst wieder gekränkelt: ewige Beschwerden im Unterleibe [...]. Diese wunderbare Verknüpfung eines Geistes mit einem Convolut von Gedär-

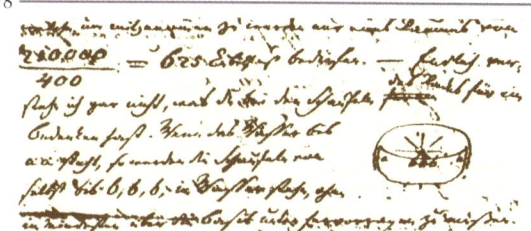

44 Kleist legt in diesem Brief an Ernst v. Pfuel (2. Juli 1805) seine Idee zum Hydrostaten dar (Detail).

45 Wilhelm Traugott Krug, Luise und Wilhelmine von Zenge in Königsberg

men und Eingeweiden.« An diese »fortwährende Unpäßlichkeit« erinnerte Kleist, als er von Altenstein die Verlängerung der Königsberger Lehrzeit (»werde ich das Befreiungs-Geschäfft der Zünfte [mein Lieblings-Gegenstand] völlig auslernen«) um ein weiteres halbes Jahr erbat. Er mußte dringend Zeit gewinnen; zerschlagen hatte sich inzwischen der Plan, für seinen Gönner in den fränkischen Provinzen zu arbeiten – im Dezember waren Ansbach und Bayreuth an Bayern abgetreten worden. Als sich die Verlängerung ihrem Ende zuneigte, brachte Kleist wieder seinen labilen Gesundheitszustand ins Spiel. Er kam um einen sechsmonatigen Urlaub ein, der im August 1806 bewilligt wurde. Zeitgleich unterrichtete er Freund Rühle, wie es mit ihm und seiner Gesundheit tatsächlich stand: »Ich habe ihn [den Urlaub] angenommen; doch bloß um mich sanfter aus der Affaire zu ziehen. Ich will mich jetzt durch meine dramati-

> Ein Gram, über den ich nicht Meister zu werden vermag, zerrüttet meine Gesundheit. Ich sitze, wie an einem Abgrund [...], das Gemüth immer starr über die Tiefe geneigt, in welcher die Hoffnung meines Lebens untergegangen ist: jetzt wie beflügelt von der Begierde, sie bei den Locken noch heraufzuziehen, jetzt niedergeschlagen von dem Gefühl unüberwindlichen Unvermögens.
> *An Karl von Stein zum Altenstein, Juni 1806*

sche Arbeiten ernähren [...]. Nun wieder zurück zum Leben! So lange das dauert, werd ich jetzt Trauerspiele und Lustspiele machen.« Das »chronische Übel« im Unterleib, poetische Wehen? Kleist hatte, als er Rühle Ende August einweihte, soeben den ›Zerbrochnen Krug‹ abgeschlossen und an Marie von Kleist geschickt, er arbeitete am ›Amphitryon‹, schrieb vermutlich auch am ›Michael Kohlhaas‹ und am ›Erdbeben in Chili‹ und nahm nun die ›Penthesilea‹ in Angriff.

Nach der vernichtenden Niederlage Preußens in der Doppelschlacht bei Jena und Auerstedt (14. Oktober), die ums Haar dem gesamten Staat den Garaus gemacht hätte, überschlugen sich auch für Kleist die Ereignisse. Alles drängte nun nach Königsberg, der Hof floh hierher, die Verwaltung, Kleist sah seinen Gönner Altenstein wieder, die Freunde Pfuel und Rühle, wie viele andere auf Ehrenwort aus der Kriegsgefangenschaft entlassene Offiziere, drängten nach. Kleist war das Geld ausgegangen, abgerissen war die Verbindung mit Marie von Kleist und versiegt damit die Auszahlung der kleinen Pension – zusammengebrochen war auch der literarische Markt, von dem er fortan hatte leben wollen. In Sachsen, dem neugeschaffenen Königreich von Napoleons Gnaden, durfte er mit besseren Bedingungen rechnen. Er mußte nach Dresden!

Geschichte 1805–1807:
1805:
September: Dritter Koalitionskrieg (Preußen bleibt neutral).
Dezember: Schlacht bei Austerlitz: Napoleons Sieg über Österreich und Rußland; im Friedensvertrag von Schönbrunn tritt Preußen seine fränkischen Provinzen Ansbach und Bayreuth an Bayern ab.
1806:
Juli: Errichtung des Rheinbundes (16 süd- und westdeutsche Fürsten).
August: Franz II. verzichtet auf die deutsche Kaiserkrone; Ende des »Heiligen Römischen Reiches Deutscher Nation«.
Oktober: Vierter Koalitionskrieg (bis Juli 1807).
Doppelschlacht bei Jena und Auerstedt: vernichtende Niederlage Preußens; der preußische Hof nach Königsberg verlegt; kampfloser Einzug Napoleons in Berlin.
Dezember: Sachsen von Napoleon zum Königreich erhoben; Anschluß an den Rheinbund.
1807:
Februar: Flucht des preußischen Königs nach Memel.
Juli: Friede von Tilsit: Preußen erhält einen kleinen Teil seines Staatsgebietes zurück (Ost- und Westpreußen, Brandenburg östlich der Elbe, Pommern und Schlesien).

Im Januar 1807 wanderten Kleist und Pfuel in Begleitung der beiden verabschiedeten Offiziere Gauvain und Ehrenberg von Königsberg los. Ihre Marschroute führte sie zu Kleists Verwandten, wo Ulrike untergeschlüpft war, dann nach Stettin, und am 27. Januar gelangten sie nach Berlin; kurz vorher hatte sich Pfuel von ihnen getrennt, um Fouqué auf dessen Gut zu besuchen. Sie hätten die besetzte Hauptstadt besser links liegengelassen! Man nahm die drei, die aus Königsberg, dem »feindlichen Hauptquartier«, kamen, im Rücken der französischen Armee gereist waren und ihren Status als entlassene Offiziere nicht beglaubigen konnten, unter Spionageverdacht fest. Mit Spionen machte man kurzen Prozeß, Standrecht. Im Falle Kleists und seiner beiden Begleiter zögerten die Behörden jedoch, und so transportierte man sie fürs erste nach Frankreich in Kerkerhaft. Am 5. März, morgens um 11 Uhr, trafen die drei Gefangenen unter Führung eines Gendarmen im Fort de Joux ein, einer Festung »an dem nördlichen Abhang des Jura« »bei Pontarlier, auf der Straße von Neufchatel nach Paris«. Die Gefangenen wurden in Einzelzellen gesteckt, eine jede ein Gewölbe, »das

46 Einzug Napoleons durch das Brandenburgische Tor nach der siegreichen Schlacht bei Jena und Auerstedt. Zeitgenössisches Gemälde von Charles Meynier (1768–1832).

zum Theil in den Felsen gehauen, zum Theil von großen Quadersteinen aufgeführt, ohne Licht und Luft war [...]. Gauvain kam in das Gefängniß zu sitzen, in welchem Toussaint Louverture [an ihn erinnert ›Die Verlobung von St. Domingo‹] gestorben war.« Eisige Temperaturen herrschten, die Bewachung war scharf. Drei Wochen lang warteten Kleist und die beiden Mithäftlinge auf die Entscheidung, ob sie als Staats- oder als Kriegsgefangene galten. Letzteres, lautete schließlich der Befehl (»unsre Arretirung in Berlin [...] ein bloßes Mißverständniß«). Die Haftbedingungen wurden gelockert, der invalide Festungskommandant – Adressat des einzigen französischsprachigen Briefes, der von Kleist überliefert ist – wandelte sich zum Gastgeber und entlieh Bücher aus seiner Bibliothek. Zwei weitere Wochen später verschickte man die drei Preußen ins Kriegsgefangenenlager nach Châlons-sur-Marne. »Hier sitzen wir nun«, so Kleist an Ulrike, »mit völliger Freiheit zwar, auf unser Ehrenwort«, doch fehlte es ihm, wie üblich, an Geld. Immerhin, nun hatte er genügend Muße, die er für die ›Penthesilea‹ und andere literarische Arbeit nutzte. Mitte Juli, in Folge des zwischen Frankreich und Preußen geschlossenen Friedens von Tilsit, erhielt Kleist den Entlassungsbefehl. Ende des Monats, dem mittellosen Kleist waren schließlich Reisediäten bewilligt worden, trat er die Heimreise an. Am 14. August erreichte er Berlin, ging dann für einige Tage zu Verwandten nach Cottbus, und am letzten Augusttag traf er endlich in Dresden ein, wo Rühle von Lilienstern den Autor des dort Anfang Mai erschienenen Lustspiels ›Amphitryon‹ bereits erwartete.

47 Fort de Joux

Dresden, Prag 1807–1809

Ein Lustspiel nach Molière

Wie schon ›Die Familie Schroffenstein‹, so erschien auch ›Heinrich von Kleists Amphitryon, ein Lustspiel nach Moliere‹ ohne direkte Mitwirkung des Autors. Das Manuskript war vermutlich irgendwann während Kleists Königsberger Volontariat entstanden und Anfang 1807 in die Hände Rühle von Liliensterns gelangt, der sich an seinem neuen Wohnort Dresden sogleich um einen Verlag bemühte, um dem inhaftierten Freund finanziell unter die Arme greifen zu können. Unterstützung fand Rühle bei dem angesehenen Christian Gottfried Körner, in dessen Haus das Stück gelesen wurde, sowie bei Adam Heinrich Müller (1779–1829), einem Privatgelehrten und seinerzeitigen Hofmeister einer Familie von Haza, der auf Kleists weitere publizistische Karriere – manche bezeichnen ihn als »Kleists bösen Geist« – starken Einfluß gewinnen sollte. Nach einigen gescheiterten Versuchen nahm Müllers Dresdner Verleger Arnold das Stück schließlich an. Anfang Mai kam das Buch auf den Markt, Müller firmierte als Herausgeber.

Der ›Amphitryon‹-Stoff, dessen literarische Tradition sich bis zu drei Versen im 11. Gesang von Homers ›Odyssee‹ zurückverfolgen läßt, hat eine lange Reihe von Bearbeitungen inspiriert. In ironischer Anspielung darauf gab Jean Giraudoux seiner eigenen, 1929 uraufgeführten Version den Titel ›Amphitryon 38‹, eine kaum übertriebene Numerierung. Folie der Bearbeitungen ist der antike Mythos von der Zeugung des Herakles: Zeus nutzt die Abwesenheit des Feldherrn Amphitryon und verführt dessen Gemahlin Alkmene. Aischylos,

Hierauf kam Alkmene, Amphitryons Ehegenossin,
Welche den Allbesieger, den löwenbeherzten Herakles
Hatte geboren, aus Zeus', des großen Kroniden, Umarmung.
Homer, ›Odyssee‹, 11. Gesang

> Das ist das witzig-anmutvollste, das geistreichste, das tiefste und schönste Theaterspielwerk der Welt.
> *Thomas Mann, 1928*

Sophokles wie auch Euripides haben den Mythos in Tragödien umgesetzt, doch sind diese Fassungen nicht auf uns gekommen. Die erste Adaption, die überliefert ist und die zugleich die Lustspieltradition des Stoffes begründet, stammt von dem römischen Komödiendichter Plautus. Kleist kannte möglicherweise dieses Stück, vielleicht auch die Komödie ›Les deux Sosies‹ (1636) von Jean Rotrou, die Molière als Vorlage für seinen ›Amphitryon‹ (1668) diente. Bei Rotrou, der die Szenen mit Merkur, dem Begleiter des Jupiter, und Sosias, Amphitryons Diener, entfaltete, verwandelte sich der Stoff in eine Gesellschaftskomödie. Molière knüpfte daran an, das Thema der Herakles-Zeugung gab er auf.

In einem Brief an Christoph Martin Wieland nannte Kleist seinen ›Amphitryon‹ »eine Umarbeitung des Molierischen«. Das Wort »nach« im Untertitel meint demzufolge mindestens dreierlei: den Rückbezug auf die Vorlage, den produktiven Umgang mit ihr, die zeitliche und damit intellektuelle Distanz zu ihr. Auf den ersten Blick wirkt Kleists Text wie eine Übersetzung. Der dreiaktige Aufbau und das Szenische sind getreu übernommen, und die Verse und Verspassagen, auch wenn Kleist statt des Alexandriners den Blankvers verwendet, entsprechen in ihrer überwiegenden Mehrzahl der Vorlage, geben deutschsprachige Äquivalente. Die Eigenständigkeit der Kleistschen »Umarbeitung« erweist sich im Thematischen. Molières Stück wird seiner gesellschaftlichen Bezüge entkleidet, der Prolog, der sie exponierte, gestrichen. Bei Kleist verlagert sich der Schwerpunkt von der Inszenierung galanter Täuschungsmanöver und Verwechslungsspiele auf die Darstellung krisenhafter Ich-Identität, die Problematisierung personalen Selbst-

---

Plautus (ca. 250–184 v. Chr.): ›Amphitruo‹ (lat.)
Johannes Burmeister: ›Sacri Mater Virgo‹ (lat.; 1621)
Jean Rotrou: ›Les deux Sosies‹ (frz.; 1636)
Molière: ›Amphitryon‹ (frz.; 1668)
Johann Daniel Falk: ›Amphitruon‹ (dt.; 1804)
Jean Giraudoux: ›Amphitryon 38‹ (frz.; 1929)
Georg Kaiser: ›Zweimal Amphitryon‹ (dt.; 1944)
Peter Hacks: ›Amphitryon‹ (dt.; 1968)

48 Szenenbild aus Kleists ›Amphitryon‹ in einer Aufführung des Deutschen Theaters (Spielzeit 1993/1994) mit Dagmar Manzel in der Rolle der Alkmene und Götz Schubert in der des Jupiter

bewußtseins, auf die Frage nach der Gewißheit und Unzuverlässigkeit des eigenen Ichs. Er hat die französische Gesellschaftskomödie in eine Bewußtseins-Tragikomödie transponiert. Das Stück zeigt keine Lösungen, sondern, worauf auch die Vielzahl kontroverser Deutungen hinweist, nur Paradoxien. Am wohl rätselhaftesten wie bezauberndsten ist der Schluß, das von Alkmene, bei Molière eher blaß, bei Kleist die wahrscheinlich eigentlich tragische Figur, gesprochene »Ach!«. Jean Paul notierte sich hierzu: »Das Final-›Ach‹ in Kleists Amphitryon würde zu *viel* bedeuten, wenn es nicht auch zu *vielerlei* bedeutete.«

> Der Feldherr Amphitryon hat eine treue, bildhübsche Frau namens Alkmene. Wenn er sich mit Kampf und Blutvergießen abrackert, also fern ist, kommt nächtens Jupiter zu ihr – in Amphitryons Gestalt. Es erfolgt nun eine Täuschung, die unser Strafgesetzbuch im Absatz 179 mit Zuchthaus bis zu fünf Jahren bedroht. Wer durch arglistige Täuschung Beischlaf erlangt – (Zuchthaus). Man könnte vermuten, daß der oberste Gott, um bei der Frau beliebt zu sein, jede Gestalt eher als die des Gemahls annähme. Doch Jupiter baut auf monatelanges Fernsein des Gemahls […] und Ausgehungertsein der Frau. Der oberste Gott hat … so geringen Mut, daß er nicht erobern, sondern täuschen will. Warum soll ich es milder ausdrücken?
> *Alfred Kerr, 1915*

› Phöbus. Ein Journal für die Kunst ‹

Neuer Start, alte Sorgen: das leidige Geld. Als Name dem lesenden Publikum nun wohlbekannt, suchte Kleist in Dresden alsbald nach Wegen, seine literarische Produktion in klingende Münze zu verwandeln. »*Bücherschreiben* für Geld – o nichts davon«, stand schroff in einem Brief an die Verlobte vom Oktober 1801, doch das war lange her. In der Zwischenzeit hatte er ernüchternde Erfahrungen mit Verlegern gemacht. Geßner stellte sich taub, als es um das Resthonorar für die ›Schroffensteiner‹ ging, und Christoph Arnold hatte – mit Recht – über die schlechten Zeiten gejammert und, zu Kleists Verdruß, das ›Amphitryon‹-Manuskript um ein Drittel (»24 Louisdor«) des veranschlagten Werts eingeheimst. Rühle, der mit einem kritischen Buch über den letzten preußischen Feldzug inzwischen große Aufregung gestiftet hatte, war es auch nicht besser ergangen. »Er sowohl, als ich,« schrieb Kleist eines kalten Septembertages an Schwester Ulrike, »haben jeder ein Werk drucken lassen, das unsern Buchhändlern 6 mal so viel eingebracht hat, als uns. Vier neue Werke liegen fast zum Druck bereit; sollen wir auch hiervon den Gewinn Andern überlassen, wenn es nichts als die Hand danach auszustrecken kostet, um ihn zu ergreifen?« Welche Frage! Da aber der Handgriff so billig denn doch nicht war, mußte Kleist mit der Wahrheit heraus: »Ich will dich zu bewegen suchen, zu einer Buch-Karten- und Kunst-Handlung, wozu das Privilegium erkauft werden muß, 500 Rth. zu 5 p. C. auf 1 Jahr herzugeben.« Adam Müller, Rühle und Pfuel würden als Partner miteinsteigen und die restliche Kaufsumme – die Geschäftslizenz sollte angeb-

---

Wir erfreuen uns der Gegenwart eines der vorzüglichsten, jetzt lebenden Dichter, des Hrn. v. *Kleist*, der den Altar des Vaterlandes mit einem so frischen Kranze, mit dem Lustspiele: *Amphitruon*, geschmückt hat, und vielleicht längere Zeit bey uns verweilen wird. [...] So unfreundlich und kalt die Jahreszeit auch ist, so bringt sie uns doch die Hoffnung auf die geistreichen Genüsse, die uns seit einigen Jahren die trüben Wintertage erheitert haben, mit, und sie ist diesmal reicher, als je, da wir, außer den archäologischen Vorlesungen des Herrn Hofraths *Böttiger* und der philosophisch-ästhetischen des Hrn. Adam *Müller*, auch welche über die Naturwissenschaften von Dr. *Schubert* zu erwarten haben.
›*Morgenblatt für gebildete Stände*‹, *3. Oktober 1807*

lich 1200 Reichstaler kosten – übernehmen. Ulrike von Kleist ging nicht darauf ein, kannte sie doch den überschwenglichen Optimismus, der die gescheiterten Pläne ihres Bruders jedesmal zu Anfang begleitet hatte. Kleist suchte sie wiederholt wegen des Geldes zu ködern und wußte sogar zu berichten, daß man das geplante Geschäft auf gesunde Beine würde stellen können, da berechtigte Hoffnung bestünde, »den Codex Napoleon zum Verlag [zu] bekommen«. Unterdessen bemühte sich Adam Müller, einem der fünf in Dresden niedergelassenen Buchhändler dessen Konzession abzukaufen und, als dies scheiterte, ein nicht mehr beanspruchtes Privileg zu erwerben. Auf letzteres bezog sich ein Gesuch, das er, »beauftragt von einer hiesigen Gesellschaft von Gelehrten«, im Dezember an den sächsischen König richtete. Mit der Ablehnung dieses Gesuchs am 22. Februar 1808, nach einigen Winkelzügen der ortsansässigen Konkurrenz, war das Projekt »Phönix-Buchhandlung«, so der beabsichtigte Firmenname, definitiv erledigt.

In Dresden hatte Kleist ein glänzendes Entrée: »Zwei meiner Lustspiele (das Eine gedruckt, das Andere im Manuscript [›Der zerbrochne Krug‹]) sind schon mehrere Male in öffentlichen Gesellschaften, und immer mit wiederholtem Beifall, vorgelesen worden.« Rühle, in dessen unmittelbarer Nachbarschaft (Pirnaische Vorstadt, Rampische Gasse 123; in späterer Zeit: Pillnitzer Straße 29) er nach wenigen Tagen ein billiges Quartier

49 Adam Müller (1779–1829)

50 Kleists Dresdner Quartier (August 1807 bis Februar oder März 1809) in der Rampischen Gasse 123

bezog – bis Februar oder März 1809 –, Stube an Stube mit Pfuel, war zum Erzieher des Prinzen Bernhard von Sachsen-Weimar berufen worden und öffnete seinem Freund die Türen der »vortrefflichsten Häuser«. Mit Kleists neuen Konnexionen ließ sich vor der Schwester gut renommieren. Bei dem Ehepaar Haza – er Müllers Gönner, sie, Sophie, Müllers Gattin ab August 1809 –, bei Christian Gottfried Körner, der auch die liebreizende Pflegetochter Juliane Kunze und die spitzzüngige Schwägerin Dora Stock, eine mit Goethe bekannte Pastellmalerin, im Haus hatte, und bei dem Freiherrn von Buol sei er ein gerngesehener Gast, fast so willkommen, »wie bei der [Marie] Kleisten in Potsdam«. Buol, österreichischer Geschäftsträger am sächsischen Hof, wurde zu einem guten Freund und Förderer. Mehrfach bemühte er sich darum, Kleists Stücke an Wiener Bühnen unterzubringen, auf einem Dresdner »Liebhaber-Theater« wollte er den noch nicht gedruckten ›Zerbrochnen Krug‹ aufführen lassen. Auch arrangierte er offenbar, daß an Kleists dreißigstem Geburtstag in Erfüllung ging, was er sich einst vom ›Robert Guiskard‹ erträumt hatte: »D. *10^t Oct.* bin ich bei dem östr. Gesandten an der Tafel mit einem Lorbeer gekrönt worden; und das von zwei niedlichsten kleinen Händen, die in Dreßden sind. Den Kranz habe ich noch bei mir.«

51 Johann Wolfgang von Goethe. Portraitgemälde von Gerhard von Kügelgen aus dem Jahr 1810

Es war Dezember geworden, die Sache mit der »Phönix«-Buchhandlung zog sich hin. Mittlerweile war in Cottas Tübinger ›Morgenblatt für gebildete Stände‹ die Erzählung ›Jeronimo und Josephe. Eine Scene aus dem Erdbeben zu Chili, vom Jahr 1647‹, später: ›Das Erdbeben in Chili‹, erschienen (10.–15. September), Kleist hatte im Spätherbst die ›Penthesilea‹ abgeschlossen, mit großen Ohren Gotthilf Heinrich Schuberts Vorlesungen ›Ansichten von der Nachtseite der Naturwissenschaften‹ gelauscht, und nun saß er wartend auf drei »völlig fertigen Manuscripten« (›Krug‹, ›Penthesilea‹, ›Die Marquise von O...‹). Da man die Konzession noch nicht hatte, entschlossen sich Kleist und Müller, mit kleinen Schritten anzufangen und im Selbstverlag eine Zeitschrift herauszubringen. Ein naheliegender Gedanke, auf den damals viele andere Schriftsteller auch gekommen waren. Der kürzlich beendete Krieg hatte den literarischen Markt fast zum Erliegen gebracht; für die Produktion von Büchern wie auch für deren Erwerb fehlte es an Geld, Kriegsende: Zeitschriftenblüte. Die Herausgeber des neuen Periodikums, das auf den Namen des antiken Sonnengotts ›Phöbus. Ein Journal für die Kunst‹ getauft und Mitte Januar 1808 erstmals ausgeliefert wurde, hatten »in Dresden, dem Lieblingssitze der deutschen Kunst«, so die Ankündigung, einen Standortvorteil. Den nutzten sie bei der Anwerbung von Mitarbeitern. Neben den beiden Herausgebern, von denen die meisten Beiträge stammten, steuerten vornehmlich ortsansässige Kräfte Arbeiten bei; unter den Literaten Körner, Schubert und Friedrich Gottlob Wetzel, dem man früher ›Die Nachtwachen des Bonaventura‹ (1804) zugeschrieben hat, und unter den bildenden Künstlern die Mitglieder der

Um das wenige Gute und Vortreffliche aufzunehmen, das wirklich die *besten Köpfe* Deutschlands zu dem Inhalte belletristischer Zeitschriften möchten beytragen wollen, wären deren Eine genug. In allen Ländern und Zeiten, wo die schöne Literatur in eigentlichem Flor und Ansehen stand, war die Zahl der bloß sammelnden Journale dieser Art auf eines oder zwey beschränkt. [...] Das Jahr 1808 allein bringt zu den Göttern des vorigen Jahres einen *Prometheus*, einen *Phöbus*, einen *Jason*; der *Teutona*, der *Zeitschrift für Wissenschaft und Kunst* [...], des wiedererstandenen *Freymüthigen*, und so vieler anderen neuen Journale, vermischteren Inhaltes, nicht zu gedenken. Und welches sind die mächtigen Köpfe, die in so vielen Musentempeln noch nicht Raum genug finden?   ›*Das Sonntagsblatt*‹ (Wien), *31. Januar 1806*

52 Ferdinand Hartmanns Umschlagzeichnung für die Hefte 1–5 des ›Phöbus‹

1764 gegründeten Dresdner Akademie Gerhard von Kügelgen und Ferdinand Hartmann. Letzterer, von ihm stammt auch das Bild auf dem Umschlag, ursprünglich der Entwurf für einen Theatervorhang, partizipierte an der Redaktion; Adam Müller: »Ich dirigire die Philosophie und Kritik, Kleist die Poesie und Hartmann die bildende Kunst.«

Die Gewinnung auswärtiger Autoren war weniger erfolgreich. Kleist und Müller hatten hier ins Große gedacht, wie sich alsbald herausstellte, ins viel zu Große. Goethe, mit dessen »Begünstigung« man voreilig auf einer eigens gedruckten Anzeige warb, wurde zur Teilnahme eingeladen, ebenso Wieland, Jean Paul, der Theologe Friedrich Schleiermacher, der österreichische Erfolgsdramatiker Heinrich Joseph von Collin, Ludwig Tieck, dem Kleist im Sommer 1808 begegnete, und Friedrich Schlegel. Alle Schmeichelbriefe umsonst, das Äußerste waren, so etwa Jean Paul, vage Zusagen. An den in Aussicht gestellten Honoraren lag es sicherlich nicht, denn die waren opulent. Was vielmehr die Prominenz abgeschreckt haben dürfte, war neben der provozierenden Selbstsicherheit, mit der die Herausgeber an die

> Der elegante Umschlag zeigt auf der Vorderseite den Phöbus, der vom Wagen aus die dem Betrachter entgegenspringenden Sonnenpferde lenkt: vor ihm her fliegen die Horen, und Genien, welche Thau und Blumen über die Erde ausschütten; sein Haupt umgiebt als Glorie die bedeutende Stelle des Thierkreises, wo die Wage zwischen dem Scorpion und der Jungfrau schimmert. Unter den Wolken, auf denen der Gott daher fährt, zeigt sich die Aussicht von Dresden, der Stadt, welche ihn schon öfter im Namen des ganzen Vaterlandes begrüßte. […] Die Rückseite des Umschlages zeigt die Attribute des Gottes: die Leier, den Bogen und die Pfeile, von Lorbeern umkränzt. ›Dresdner Anzeiger‹, 28. Januar 1808

Öffentlichkeit gingen, das Programm selbst. Es war eine Liebeserklärung an den intellektuellen und ästhetischen Streit, eine rigorose Kampfansage gegen Konformität und Alleinvertretungsansprüche. So hieß es schon in der ersten, in zahlreichen Zeitungen publizierten Annonce: »Wir stellen den Gott, dessen Bild und Name unsere Ausstellung beschirmt, nicht dar, wie er in Ruhe, im Kreise der Musen auf dem Parnaß erscheint [...]. Die Kunst, in dem Bestreben recht vieler gleichgesinnter, wenn auch noch so verschieden gestalteter Deutschen darzustellen, ist dem Charakter unserer Nation angemessener, als wenn wir die Künstler und Kunstkritiker unserer Zeit in einförmiger Symmetrie und im ruhigen Besitz um irgend einen Gipfel noch so herrlicher Schönheit versammeln möchten.« Deutlicher noch, diesmal ohne nationalistische Untertöne, in der sich mit Goethes angeblicher Unterstützung rühmenden Anzeige: »Wir machen es uns zur Pflicht, in jedem einzelnen Hefte die allerentgegengesetztesten Ansichten, Werke und Künste zu versammeln, nicht blos der Mannigfaltigkeit wegen, welche nur die verwöhnten, weichlichen Seelen von einem Journale unbedingt begehren, sondern besonders wegen Befreiung des Gemüths von den engen Schranken, in welche man die Weltidee der Kunst einzudrängen pflegt.«

Kleist und Müller, letzterer besonders, rührten kräftig die Trommel. Mit den Dresdner Gesandtschaften Österreichs, Frankreichs und Rußlands standen sie auf gutem Fuß, und es gelang ihnen, dem österreichischen Kaiser »Prachtexemplare« des ersten Heftes überreichen zu lassen; auch übermittelte Müller durch seinen Göttinger Handelspartner, eine von acht auswärtigen Kommissionsbuchhandlungen, einige Exemplare an den Monarchen des neugeschaffenen Königreichs Westfalen, Napoleons Bruder Jérôme (»König Lustig«). Am

---

Wettre hinein, o du, mit deinen flammenden Rossen,
Phöbus, Bringer des Tags, in den unendlichen Raum!
Gieb den Horen dich hin! Nicht um dich, neben, noch rückwärts,
Vorwärts wende den Blick, wo das Geschwader sich regt!
Aus Kleists Prolog zum ›Phöbus‹

24. Januar schickte Kleist ein Päckchen an Goethe, nebst einem ebenso selbstbewußten wie demutsvollen Schreiben: »Ew. Exzellenz habe ich die Ehre, in der Anlage gehorsamst das 1ᵗ Heft des Phöbus zu überschicken. Es ist auf den ›Knieen meines Herzens‹ daß ich damit vor Ihnen erscheine; mögte das Gefühl, das meine Hände ungewiß macht, den Werth dessen ersetzen, was sie darbringen.« Goethe dankte ihm, äußerte kühles bis eisiges Befremden über die ›Penthesilea‹, hielt sich viel auf seine Entertainerqualitäten zugute (»Auf jedem Jahrmarkt getraue ich mir, auf Bohlen über Fässer geschichtet, […] der gebildeten und ungebildeten Masse das höchste Vergnügen zu machen«), und meinte abschließend: »Dergleichen Dinge lassen sich freilich mit freundlichern Tournüren und gefälliger sagen. Ich bin jetzt schon zufrieden, wenn ich nur etwas vom Herzen habe.« Im übrigen hielt Goethe den ›Phöbus‹ für »Phébus« [Schwulst], andere taten das auch.

»Ich bin wieder ein Geschäftsmann geworden, doch in einer angenehmeren Sphäre, als in Königsberg«, schrieb Kleist hoffnungsfroh am 17. Dezember – schon drei Monate später mußte er einsehen, daß er kein guter Geschäftsmann war. Der ›Phöbus‹ steckte in einer tiefen Finanzkrise, das dritte Stück hatte noch nicht einmal das Licht der Öffentlichkeit erblickt. Man hatte sich ziemlich heftig verkalkuliert. Auch wenn die Startauflage und die Abonnentenzahl (der Jahrgang kostete zehn Taler) nicht genau bekannt sind, läßt sich doch, wenn man die fast schon unrealistische Zahl von 150 verkauften Exemplaren zugrunde legt und lediglich die reinen Kosten einschließlich der großspurig veranschlagten Honorare (30 Taler pro gedrucktem Bogen) berücksichtigt, in etwa die haarsträubende Bilanz aufmachen, daß zu Anfang jedes Heft nahezu doppelt soviel Geld verschlang wie es einbrachte. Ende März plante Müller den Absprung (»Meine Umstände nun machen es mir zur Pflicht, für

Kleists ›Phöbus‹-Beiträge:
1. Stück [erschien ca. 23. Januar 1808]: ›Prolog‹; Organisches Fragment aus dem Trauerspiel: ›Penthesilea‹; ›Der Engel am Grabe des Herrn‹; ›Epilog‹.
2. Stück [ca. 14. Februar]: ›Die Marquise von O…‹; ›Die beiden Tauben, eine Fabel nach Lafontaine‹.
3. Stück [Mitte April]: Fragmente aus dem Lustspiel: ›Der zerbrochne Krug‹; Fabeln.
4./5. Stück [Anfang Juni]: Fragment aus dem Trauerspiel: ›Robert Guiskard,

die Zukunft zu sorgen«). Kleist ließ sich jedoch nicht, wie Müller hatte einfädeln wollen, zur Alleinredaktion des schwer leckgeschlagenen Unternehmens beschwatzen, und so dümpelte man, mehr schlecht als recht, gemeinsam weiter, kratzte von überall her Geld zusammen, verschickte ab Mai Verkaufsofferten an mehrere Verleger – und hatte im Oktober, das sechste Stück mit dem Impressum »Junius 1808« wurde soeben angekündigt, den bankrotten Verlag endlich, endlich vom Hals, nämlich an den Dresdner Buchhändler Walther losgeschlagen.

Fortan erschien der ›Phöbus‹ tatsächlich regelmäßig, aber nicht mehr sonderlich glanzvoll und nicht mehr lange. Mitte März 1809 wurden in einer Doppelnummer die Hefte November/Dezember ausgeliefert, dann war Schluß. Die Kritik weinte ihm keine Träne nach, seit der Übernahme durch Walther hatte sie ihn ohnehin nicht mehr beachtet. Kleist staunte nicht schlecht, als Walther ihm die Endabrechnung präsentierte. Aus ihr ging nämlich hervor, daß er von Müller beim Verkauf des Journals kräftig übers Ohr gehauen worden war. Um eigene Schulden zu tilgen, hatte dieser, so Kleist an Walther, »die Forderung der Phöbus-Redaction [gegenüber die Kommissionären wegen ausstehender Abonnementszahlungen] in Pausch und Bogen, für 136 Reichstaler an Sie abgetreten, gänzlich ohne mein Vorwissen«. Auch erfuhr Kleist erst jetzt von der vertraglichen Abmachung, daß Walther keine Autorenhonorare zu zahlen hatte. Was folgte, war das abrupte Ende, wie sich herausstellen sollte: vorläufige Ende, einer vermeintlich engen Freundschaft – im November des vergangenen Jahres hatte Kleist wegen der Scheidungsangelegenheit von Müllers künftiger Frau sogar noch eine Reise nach Polen gemacht.

Herzog der Normänner‹; Epigramme; Fragment aus dem Schauspiel: ›Das Käthchen von Heilbronn oder die Feuerprobe‹.
6. Stück [Ende Oktober]: ›Michael Kohlhaas‹; Epigramme.
9./10. Stück [Anfang Januar 1809]: Zweites Fragment des Schauspiels: ›Käthchen von Heilbronn‹; ›Kleine Gelegenheitsgedichte‹.
11./12. Stück [Mitte März]: ›Der Schrecken im Bade. Eine Idylle‹.

Für das unsichtbare Theater

Anfang August 1807, Kleist war gerade irgendwo zwischen Châlons und Berlin, notierte Goethe in sein Tagebuch: »Nach Tische Landrath von Haza, der mir ein Packet von Adam Müller brachte. Darauf las ich den zerbrochenen Krug.« Ende des Monats, Goethe hatte sich das Manuskript abermals vorgenommen, erhielt Müller Antwort von ihm. Zunächst die gute Nachricht: »Der zerbrochene Krug hat außerordentliche Verdienste, und die ganze Darstellung dringt sich mit gewaltsamer Gegenwart auf.« Dann die schlechte: »Nur schade, daß das Stück auch wieder dem unsichtbaren Theater angehört. Ein Wechselbad der Gefühle für den Adressaten! Zum Schluß wieder etwas Erfreuliches: Goethe wolle »sehen, ob etwa ein Versuch der Vorstellung zu machen sey. Zum Richter Adam haben wir einen vollkommen passenden Schauspieler, und auf diese Rolle kommt es vorzüglich an. Die andern sind eher zu besetzen.« Das durfte man als Versprechen werten.

Es sollten noch fast sechs Monate verstreichen. Kleist, ungeduldig und in Geldnöten wie immer, ließ sein Stück unterdessen auch in Wien anpreisen, warb, im Vorgefühl des sicheren Erfolgs, öffentlich mit Goethes Namen für den ›Phöbus‹ und drängelte sanft, aber bestimmt durch die Übersendung der ›Penthesilea‹, von der er, auf Goethes Bemerkung zu Müller anspielend, meinte, sie »ist übrigens eben so wenig für die Bühne geschrieben, als jenes frühere Drama: der Zerbrochne Krug.« Daß dieses Lustspiel zumindest nicht für die Bühne des Weimarer Hoftheaters geschrieben war, stellte sich am 2. März 1808, einem Mittwoch, heraus. Die Uraufführung fand im Anschluß an den Operneinakter ›Der Gefange-

> Aus Weimar. Neulich wurde hier zur Fastnacht ein neues burleskes Lustspiel vom Hrn. v. *Kleist* gegeben: ›der zerbrochene Krug‹. Die Geschichte des Stücks ist wirklich komisch, und es würde gewiß sehr gefallen haben, wenn es auf einen Akt zusammengedrängt und alles gehörig in lebhafte Handlung gesetzt wäre. Statt dessen ist es aber in drei lange Akte abgetheilt, und besonders wird im letzten Akte so entsetzlich viel und alles so breit erzählt, daß dem sonst *sehr geduldigen* Publikum der Geduldfaden endlich ganz riß, und gegen den Schluß ein solcher Lärm sich erhob, daß keiner im Stande war, von den ellenlangen Reden auch nur eine Sylbe zu verstehn.   ›Zeitung für die elegante Welt‹ (Leipzig), 14. März 1808

ne‹ statt, das gesamte Programm dauerte von 17.30 bis 21 Uhr. Luise Wieland mußte mitansehen, wie das Stück »gänzlich durchfiel«. Ein Augenzeuge berichtete, daß das Stück »anfangs gefiel, nachher langweilte und zuletzt von einigen wenigen ausgetrommelt wurde, während andere zum Schlusse klatschten«. Übertrieben scheinen – hauptsächlich spätere – Berichte, wonach im zuerst gähnenden, dann erbosten Publikum ein regelrechter Tumult ausgebrochen wäre. Schuld an dem Desaster, das stand für Kleist außer Frage, war Goethe. Wie Johann Falk notierte, wollte er »Goethen fordern, sich mit ihm schießen usw. Man hatte ihm glaublich gemacht, Goethe habe absichtlich das Stück zu 3 Akten ausgesponnen, und es dadurch zum Fallen gebracht«. Zum Duell kam es nicht; seine Rachsucht kühlte Kleist statt dessen im ›Phöbus‹, mit dem fragmentarischen Abdruck des Lustspiels (»auf der Bühne von Weimar verunglückt«) sowie mit einigen bissigen Epigrammen. Goethe hatte, darf man vermuten, den »Wasserkrug« in der Tat »ausgesponnen«, ausgewalzt, die Rasanz der einaktigen Szenenfolge durch die Eintei-

53 Theaterzettel für die ›Krug‹-Aufführung des Weimarer Hoftheaters am 2. März 1808

Er gehört [...] *zu denjenigen Werken, denen gegenüber nur das Publikum durchfallen kann,* denn deren gibt es auch, wie die Erfahrung lehrt. [...] Er bietet uns einen Einfall und ein Sittengemälde zugleich, und der Einfall kann nicht ergötzlicher, das Sittengemälde nicht frischer und farbiger sein. [...] Seit dem Falstaff ist im Komischen keine Figur geschaffen worden, die dem Dorfrichter Adam auch nur die Schuhriemen auflösen dürfte.

Friedrich Hebbel, 1850

54 ›Le Juge ou la Cruche cassée‹. Kupferstich von Jean-Jacques Le Veau, nach einem heute verschollenen Gemälde von Louis-Philibert Debucourt

lung in Akte stillgestellt und, vor allem, das maschinengewehrartige Geprassel von Rede und Gegenrede, Wörtern, Wortfetzen und Wort(ab)brüchen ins getragen Deklamatorische transponiert. Er habe, so nochmals Falk, »die Schauspieler im Spielen ordentlich einhalten und Pausen machen lassen, damit *die Zuschauer Zeit behielten sich auszulachen.*« Der von Goethe so sehr gerühmte Darsteller des Adam (»einen vollkommen passenden Schauspieler«) war, nach der Erinnerung eines Beobachters, »in seinem Vortrag so breit und langweilig […], daß selbst seine Mitspieler die Geduld dabei verloren.« Zur Verteidigung Goethes wird angeführt, daß das ihm zur Verfügung gestellte Stück seinerzeit noch manche Längen besaß, besonders gegen Ende, die Kleist bei der Bearbeitung für den Druck später beseitigte.

Als Buch erschien ›Der zerbrochne Krug‹ Anfang Februar 1811 bei Kleists Berliner Verleger Georg Andreas Reimer. Ge-

> Im Sprachgestus muß die Komik dieses Stückes erlauscht werden. Spielerische Abschattierung des Wortklanges nach immer neuen Bedeutungsnuancen und ängstliche Flucht in rhetorische Fragen sind, neben dem Grundelement des Verhörens, die wichtigsten Bauformen der szenischen Gliederung. Alle drei verlangen nach ständiger Wiederholung des schon Gesagten.
>
> *Rolf Michaelis, 1965*

tilgt ist im Buch die in einem eigenhändigen Manuskript überlieferte ›Vorrede‹, worin Kleist als »Veranlassung« des Stücks einen Kupferstich erwähnt, »den ich vor mehreren Jahren in der Schweiz sah«, nämlich in Zschokkes Wohnung, und eine kurze Deutung der dargestellten Szene gibt; getilgt damit auch eine überdeutliche Spur: »[...] der Gerichtsschreiber sah [...] jetzt den Richter mistrauisch zur Seite an, wie Kreon, bei einer ähnlichen Gelegenheit, den Ödip.« Adam, Richter »in einem niederländischen Dorfe bei Utrecht«, halb Schlitzohr, halb tumber Teufel, ist das Spiegel- und zugleich das Gegenbild des Ödipus. Beide sind schuldig geworden, der Thebanerkönig, dessen Namen man mit »Schwellfuß« zu übersetzen pflegt, durch die Tötung seines Vaters, der klumpfüßige Dorfrichter, als er beim nächtlichen Versuch, die Jungfer Eve zu verführen, versehentlich einen Krug zerdeppert. Beide sind gezwungen, die Schuldigen durch Verhöre ausfindig zu machen: um Theben von der Pest zu befreien, um Gerechtigkeit walten zu lassen. Während Ödipus aber nicht weiß, daß er über sich selbst zu Gericht sitzt, weiß dies Adam sehr wohl, und daher setzt er von Anfang an alles daran, die Wahrheitsfindung in eine Wahrheitsverbergung listig umzufunktionieren. Je länger und verzweifelter Adam dies tut, je dichter das Gespinst seiner Lügen wird, desto mehr entlarvt er sich. Darin liegt die wohl auffälligste Pointe des vordergründig derb-genrehaften Stücks und seines dialogischen Feuerwerks: Die Verschleierung der Wahrheit durch Sprache kehrt sich gegen den Sprecher, die sprachliche Falschmünzerei rächt sich an ihrem Urheber und verrät ihn, gegen seine Absicht und gegen sein Tun, als Verräter.

Bei der Weimarer Premiere seines Lust-

55 Filmszene mit Emil Jannings als Dorfrichter Adam. Im Ufa-Film von 1937 hatte Jannings auch die künstlerische Leitung.

spiels, das man nach dem Debakel naturgemäß sofort absetzte, war Kleist nicht zugegen, wie er überhaupt keines seiner Stücke je auf der Bühne sah. Zwei, außer dem ›Krug‹, wurden zu seinen Lebzeiten öffentlich und stets in Bearbeitungen aufgeführt: ›Die Familie Schroffenstein‹ in Graz (9. Januar 1804), Benefizvorstellung zugunsten eines Schauspielers, und, mehrfach wiederholt, ›Das Käthchen von Heilbronn‹ im Theater an der Wien (erstmals am 17. März 1810), außerdem am 26. Dezember 1810 in Graz und am 1. September 1811 in Bamberg (mit einem Bühnenbild von E. T. A. Hoffmann). Nicht die geringste Chance im zeitgenössischen Theaterbetrieb hatte hingegen die ›Penthesilea‹, allein schon der Aufwand an Personen und Maschinerie (und Menagerie: »Meuten gekoppelter Hunde [...] Elephanten« etc.), den der Text vorsieht, macht Kleists Äußerung glaubwürdig, daß dieses Trauerspiel nicht »für die Bühne geschrieben« sei. Eine kleine Kostprobe des Stücks, oder genauer, eine vage Andeutung davon, hatte es zu Kleists Lebzeiten dennoch gegeben. Am 23. April 1811 gastierte die seinerzeit gefeierte, von der Männerwelt angehimmelte und mit Kleist persönlich bekannte Schauspielerin Henriette Hendel-Schütz im Konzertsaal des Königlichen Nationaltheaters zu Berlin mit einem ›Cyclus pantomimischer Darstellungen‹, in welchem sie auch eine Szene aus der ›Penthesilea‹ präsentierte. Den Zeitungsberichten zufolge eine nicht sonderlich gelungene Veranstaltung. Die Uraufführung des Trauerspiels (in einer Bearbeitung), mit der berühmten Clara Ziegler in der Titelrolle, fand am 25. April 1876 im Berliner Königlichen Schauspielhaus am Gendarmenmarkt statt; ein terroristischer Anschlag auf den guten Geschmack, zeterte einmütig die zeitgenössische

> Nach der Fabel der Alten erschien ein Amazonenheer, unter Anführung der Penthesilea, auf dem Schlachtfelde vor Troja, dem Priamos zu Hülfe; es wurde aber von den Griechen geschlagen und ihre Königin vom Achilles getödtet. Diese Erzählung liegt, wiewohl in bedeutenden Veränderungen, der angezeigten Tragödie, zum Grunde. Die Amazonen erscheinen hier, nicht um Ilion beizustehen, sondern um aus dem keuschen und herrlichen Helenenvolk ›eine Prachtschaar‹ kräftiger Jünglinge zu entführen. [...] Penthesilea trachtet nach dem Besitz des Achills, für den ihre einzige Brust in Liebe entbrannt ist; geräth aber, ohne ihr Wissen, in des griechischen Helden Gefangenschaft. Beider Herzen überlassen sich dem Zauber der Liebe, schon bereitet sich P., den Helden zum Rosenfest zu schmük-

56 Max Slevogts Lithographie ›Penthesilea‹ von 1905/06

Presse und, schließlich war man ja kultiviert, ein »grandioser, jedoch verfehlter Versuch, die Nymphomanie poetisch darzustellen«. In einem Überblickartikel zu den Novitäten der Leipziger Buchmesse hatte es im September 1808 bereits geheißen: »Der Kritik ein genialisches Ärgerniß.«

Kleist hatte das auf dem »Schlachtfeld bei Troja« spielende Stück in Königsberg begonnen und während seiner Gefangenschaft in Frankreich weiter ausgearbeitet. Im Spätherbst 1807 erreichte Marie von Kleist aus Dresden die freudige Nachricht: »Ich habe die Penthesilea geendigt, von der ich Ihnen damals, als ich den Gedanken zuerst faßte, wenn Sie sich deßen noch erinnern einen so begeisterten Brief schrieb. Sie hat ihn wirklich aufgegeßen den Achill vor Liebe.« Sei-

---

ken, als Achilles den Seinen, die von den Amazonen zurückgedrängt werden, zu Hülfe abgerufen wird. Bald darauf schickt Achilles der Penth. eine Ausfoderung zum Zweikampf. Diese vermeintliche Untreue versetzt sie in Wahnsinn; [...] sie trifft ihn, jagt den Pfeil ihm durch die Brust, hetzt ihre Hunde auf ihn [...]. Penthesilea selbst stürzt bald nachher nieder und stirbt von innern Dolchen getroffen. Dies ist kurz der Inhalt dieses Products der von Kleistischen Muse, über welchen wir kein Wort weiter verlieren wollen.   ›Nordische Miszellen‹ (Hamburg), 4. Dezember, 1808

nem Stubennachbar Pfuel seien »zwei große Thränen in die Augen« getreten, als Kleist (»mit der Pfeife in der Hand«) ihm mitgeteilt habe, die Amazonenkönigin sei nun tot – Pfuel hatte das anders in Erinnerung, nicht er, vielmehr Kleist wäre der Gerührte gewesen, und Pfuel wollte gesehen haben, wie »ihm die hellen Thränen über die Backen flossen«. Wie auch immer, jedenfalls drängte Kleist auf eine baldige Publikation. Das erste ›Phöbus‹-Heft brachte ein »organisches Fragment« des Trauerspiels, acht Szenen, ergänzt mit knappen handlungserläuternden Einschüben. Fast gleichzeitig, im Februar 1808, gab der Selbstverleger Kleist ein ›Penthesilea‹-Manuskript zum Druck, um auf der bevorstehenden Ostermesse mit einem Buch vertreten zu sein. Angesichts seiner leeren Taschen ein vorschneller Schritt. Die Herstellung schleppte sich bald mühsam dahin. Im Juni wandte sich Kleist schließlich hilfesuchend an den Tübinger Verleger Cotta, bat ihn um die Übernahme der Druckkosten – andernfalls sehe er sich »außer Stand, im Druck dieses Werks fortzufahren« – und rang sich sogar zu dem Zugeständnis durch, »Ew. Wohlgeb. die Bestimmung des Honorars gänzlich zu überlassen und Credit darauf zu geben.« Kleists Lage war zwar verzweifelt, aber nicht hoffnungslos, denn anscheinend gelang es, während man auf Cottas Antwort wartete, mit der Drucklegung trotzdem fortzufahren und sie irgendwie zu einem Ende zu bringen. Cotta erwies sich als großzügig, obwohl ihm seine Berater in den Ohren gelegen hatten, die Finger von dem Buch zu lassen. Kleist bekam das erbetene Geld für die Druckkosten (203 Taler) sowie einen Vorschuß (150 Taler). Karl August Varnhagen von Ense, den Kleist 1804 in Berlin kennengelernt hatte, besuchte kurz nach Erscheinen der ›Penthesilea‹ den Tübinger Verleger: »Wir sprachen von Heinrich von Kleist, Penthesilea, die er verlegt

---

Man schimpft auf die jetzigen sogenannten Spektakelstücke, und besonders geht es über das Pferdegetrampel, das jetzt auf den großen Bühnen oft eintritt, her. Aber so toll, wie der Spektakel in diesem Trauerspiele getrieben wird, dürfte er doch wohl nirgends ausgeführt seyn. Außer Schaaren von Griechen und Amazonen, Mädchen und Müttern – Weibern kann man doch nicht sagen – treten im 19ten Auftritt Amazonen mit Meuten gekoppelter Hunde und Elephanten, mit Sichelwagen und Fackeln auf.
›Der Freimüthige‹ (Berlin), 5. Februar 1965

hat, er war unzufrieden mit dem Erzeugnis, und wollte das Buch gar nicht anzeigen, damit es nicht gefordert würde.« Immerhin, er hatte es finanziert.

Das zeitgenössische Echo auf das Stück war eindeutig genug. Kleist gab sich keinen Illusionen hin und meinte gegenüber seiner Potsdamer Kusine mit (gespielter?) Gelassenheit: »Ob es, bei den Forderungen, die das Publikum an die Bühne macht, gegeben werden wird, ist eine Frage, die die Zeit entscheiden muß.« Zu Kleists Lebzeiten, aber auch noch lange danach, war die ›Penthesilea‹ schlichtweg inkompatibel mit dem humanistischen Bild der Antike, das die Klassik etabliert hatte. Sprengstoff unter festem Verschluß, ein Stück im Wartestand. Erst Friedrich Nietzsches böser Blick in das Souterrain der griechischen Kultur sollte ihm den Weg ebnen, sein erstes begeistertes Publikum wurden die Nietzsche-Adepten der expressionistischen Generation.

Die rasende Amazonenkönigin auf der einen Seite, Käthchen, das Pflegekind des Heilbronner Waffenschmieds Theobald Friedeborn auf der anderen: Figuren wie die eines Wetterhäuschens, an dem sich Bühnengeschichte und Publikumsgeschmack ablesen lassen. Im 19. Jahrhundert war ›Das Käthchen von Heilbronn oder die Feuerprobe‹, im Buch (erschienen September 1810 in Berlin) mit dem Untertitel ›Ein großes historisches Ritterschauspiel‹, das weitaus beliebteste der wenigen Stücke, die von Kleist überhaupt aufgeführt wurden, und als garantierter Kassenschlager auf zahlreichen Theaterspielplänen vertreten. Als das Jahrhundert zu Ende ging und sein Begleiter, der unselige Historismus, der wie klebriger Mehltau das kulturelle Leben zu ersticken drohte, langsam aber sicher an Macht verlor, da verblaßte zusehends auch die einstige Faszination dieses Dramas. Käthchen zog sich brav

---

Von solchem Werke führte keine Brücke zu jenem verklärten Idealbild der Antike, wie es die klassische Dichtung Goethes und Schillers eben damals in Deutschland errichtet hatte. Vor dieser von der Maßlosigkeit ihres Gefühls bis zum Wahnsinn fortgerissenen Heldin verschwand jene Vorstellung von dem ruhmvoll Ausgeglichenen, versagte jene bequeme Winckelmannsche Formel von der schlichten Einfalt und der stillen Größe, die bis dahin die Welt der Antike zu umspannen schien. [...] Den gläubigen Priestern jenes hehren Ideals der Antike mußte Kleists Dichtung wie ein Zerrbild, wie die Entweihung von etwas Heiligstem erscheinen. *Ernst Stadler, 1909*

57 Moritz von Schwind (1804–1871), ›Das Käthchen von Heilbronn‹, 1826

zurück, auftrat Penthesilea. Auch eine Geschichte der Männerphantasien. Beides zugleich, hier blondbezopfte Hingabe, dort die Furie, »den grimm'gen Hunden beigesellt«, das ließ die Wunschzensur nicht passieren. Mit Kleists Intention war ein solches Entweder/Oder freilich unvereinbar. Für ihn gehörten beide Frauenfiguren unzertrennbar zusammen. Die Arbeit am ›Käthchen‹ begann, nachdem die ›Penthesilea‹ abgeschlossen war, und zu eben diesem Zeitpunkt schrieb er an Marie von Kleist, die das »von caßirten Varianten strotzende« ›Penthesilea‹-Manuskript »wie eine Seherin aufgefaßt« hatte und um deren Zustimmung der Autor fortan regelrecht buhlte (»ein

> Wie gern hätte ich das Wort von Ihnen gehört, das Ihnen, die Penthesilea betreffend, auf der Zunge zu schweben schien! Wäre es auch gleich ein wenig streng gewesen! Denn wer das Käthchen liebt, dem kann die Penthesilea nicht ganz unbegreiflich sein, sie gehören ja wie das + und – der Algebra zusammen, und sind Ein und dasselbe Wesen, nur unter entgegengesetzten Beziehungen gedacht.
> *An Heinrich Joseph von Collin, 8. Dezember 1808*

ganzes Zeitalter, vor mir auf Knien, würde mir nicht halb das sein, was eine einzige Regung von Ihnen«): »Jetzt bin ich nur neugierig was Sie zu dem Kätchen von Heilbronn sagen werden denn das ist die Kehrseite der Penthesilea ihr andrer Pol, ein Wesen das eben so mächtig ist durch gänzliche Hingebung als jene durch Handeln.«

Schon die erste Kritik, anläßlich des fragmentarischen Abdrucks im ›Phöbus‹, prophezeite dem »halb in Prosa, halb in Jamben gedichteten Schauspiele«, wenn auch mit unüberhörbar spöttischem Unterton: »Dies muß ein Zug- und Kassen-Stück werden.« Kleist hatte diesmal auf Nummer Sicher gehen wollen, er brauchte unbedingt einen Erfolg. Dazu waren ihm viele Mittel recht. Er kleidete sein Drama in das seit Goethes ›Götz von Berlichingen‹ populäre Genre des Ritterschauspiels, grundierte es mit Elementen der Volkssage – eine historische Quelle ist nicht belegt –, spannte, wahrscheinlich angeregt durch den Umgang mit Gotthilf Heinrich Schubert, das zeitgenössische Interesse am Traum und am Unbewußten mit ein und durchsetzte die Handlung mit märchenhaften Zügen, wie sie in der romantischen Literatur en vogue waren. Mit forcierten, grellen, artistisch-kalkulierten Bühneneffekten wurde wahrlich nicht gegeizt. Kleist wird diese Anbiederung an den Publikumsgeschmack später bitter bereuen und wenige Monate vor seinem Tod gegenüber Marie von Kleist klagen: »Das Urtheil der Menschen hat mich bisher viel zu sehr beherscht; besonders das Kätchen von Heilbron ist voll Spuren davon. Es war von Anfang herein eine ganz treffliche Erfindung, und nur die Absicht, es für die Bühne paßend zu machen, hat mich zu Mißgriffen verfuhrt, die ich jetzt beweinen mogte«.

Es ist nicht ohne Ironie, daß das ›Käthchen‹ als Buch in Berlin verlegt wurde. Nachdem Kleist die im ›Phöbus‹ abge-

---

Ein Held, schwankend zwischen der Magie der wahren Liebe, der Unschuld eines scheinbar geringen Mädchens, und dem falschen Gauckelspiel einer Lasterhaften, könnte schon ein glücklicher dramatischer Stoff seyn, und gern wollten wir dem Dichter Donnerwetter und Feuersbrünst, Engel und Vehmrichter, Zweykampf und Nacht, Gift und Hochzeit nebst allen übrigen ritterlichen Zubehör gestatten; wenn er diese poetischen Freyheiten nur als *Dichter* gebrauchte, jenen dramatischen Stoff auch *dramatisch* mit Kunst, mit Verstand im Gebiethe der Fantasie ausgeführt hätte.
›Der Österreichische Beobachter‹ (Wien), 28. März 1810

druckten Fragmente des Dramas während des ersten Halbjahrs 1808 zu einem Bühnenmanuskript aus- und umgearbeitet hatte und sich anschickte, Theater dafür zu interessieren, stand für ihn fest: »nach Berlin geht es nicht, weil dort nur Übersetzungen kleiner französischer Stücke gegeben werden« – insgeheim hatte er es über den Major von Schack, Fontanes ›Schach von Wuthenow‹, dennoch versucht. Für ein derart treudeutsch daherkommendes Schauspiel konnte es, wie er seiner Schwester Ulrike weismachen wollte, nur im Süden Aufführungschancen geben, am besten in Österreich, dem Bollwerk gegen die französische Hegemonie, die sich, wie Kleist meinte oder zu meinen vorgab, bereits auf den Kulturbetrieb ausgedehnt hatte (»in Cassel ist gar das deutsche Theater ganz abgeschafft und ein französisches an die Stelle gesetzt worden«). Andererseits: Als Kleist das Stück im August 1810 dem Berliner Verleger Reimer (»Realschulbuchhandlung«) anpries, renommierte er geradezu damit, daß es »während der Vermählungsfeierlichkeiten«, anläßlich der Hochzeit Napoleons mit der österreichischen Kaisertochter, »zum Erstenmal gegeben« worden war. Daß Reimer, ein Napoleonfeind reinsten Wassers, schnell zugriff, hing mit jenem Umstand gewiß am allerwenigsten zusammen, zumal die Sache mit den Feierlichkeiten nicht der Wahrheit entsprach. Reimer, der mit Kleist bereits über einen Band Erzählungen

> Nirgends kann man den Grad der Cultur einer Stadt und überhaupt den Geist ihres herrschenden Geschmacks schneller und doch zugleich richtiger kennen lernen, als - in den Lesebibliotheken.
> Höre was ich darin fand, und ich werde Dir ferner nichts mehr über den Ton von Wirzburg zu sagen brauchen.
> »Wir wünschen ein Paar gute Bücher zu haben« – *Hier steht die Sammlung zu Befehl* – »Etwa von Wieland« – *Ich zweifle fast* – »Oder von Schiller, Göthe« – *Die mögten hier schwerlich zu finden sein* – »Wie? Sind alle diese Bücher vergriffen? Wird hier so stark gelesen?« – *Das eben nicht* – »Wer liest denn hier eigentlich am meisten?« – *Juristen, Kaufleute und verheirathete Damen.* – »Und die unverheiratheten?« – *Sie dürfen keine fordern.* – »Und die Studenten?« – *Wir haben Befehl ihnen keine zu geben.* – »Aber sagen Sie uns, wenn so wenig gelesen wird, wo in aller Welt sind denn die Schriften Wielands, Göthes, Schillers?« – *Halten zu Gnaden, diese Schriften werden hier gar nicht gelesen.* – »Also Sie haben sie gar nicht in der Bibliothek?« – *Wir dürfen nicht.* – »Was stehn denn also eigentlich für Bücher hier an diesen Wänden?« – *Rittergeschichten, lauter Rittergeschichten, rechts die Rittergeschichten* »mit« *Gespenstern, links* »ohne« *Gespenster, nach Belieben.* – »So, so.« – –   *An Wilhelmine von Zenge, 14. September 1800*

handelseinig geworden war, wußte von dem Streit, den es zwischen August Wilhelm Iffland, dem Direktor des Berliner Nationaltheaters, und Kleist um das Stück gegeben hatte. In Berlin wußte jeder davon. Im August hatte Kleist das Stück zur Aufführung angeboten; auf Kleists Drängen schickte es Iffland zurück und ließ ausrichten, es könne »ohne gänzliche Umarbeitung auf der Bühne sich unmöglich halten«. Kleist reagierte mit einem groben Brief, der eine unverblümte Anspielung auf Ifflands Homosexualität enthielt: »Es thut mir Leid, die Wahrheit zu sagen, daß es ein Mädchen ist; wenn es ein Junge gewesen wäre, so würde es Ew. Wohlgebohren wahrscheinlich besser gefallen haben.« Dieser Kalauer machte schnell die Runde; werbewirksam, sollte Reimer darauf spekuliert haben, war er jedoch nicht. Reimers Honorar (»überlasse ich Ihnen, wenn es nur gleich gezahlt wird«) für das ›Käthchen‹ waren 75 Taler.

»Zu den Waffen! Zu den Waffen!«

Die Nachkriegszeit, in der sich Kleist als Schriftsteller zu etablieren suchte, war, dies wußten alle sehr schnell, eine Vorkriegszeit. An den Rändern des napoleonischen Herrschafts- und Einflußbereichs rumorte es, brach offener Widerstand aus. Während die militärischen Konflikte auf zwischenstaatlicher, kabinettspolitischer Ebene zugunsten Frankreichs entschieden schienen, formierten sich regionale Volksbewegungen – in Spanien entstand der Begriff »Guerilla« –, die einen Krieg »von unten« führten. Trotz einer allgegenwärtigen Pressezensur sickerte manches durch. Die Gerüchteküche brodelte. Napoleon, hörte man, war nicht unbesiegbar. Auf der iberischen Halbinsel, wo die französischen Invasoren

58 Das Berliner Nationaltheater auf dem Gendarmenmarkt in Berlin. Zeichnung von Karl Friedrich Schinkel.

59 Francisco Goya, ›Que hay que hacer mas? – Was kann man mehr tun?‹ Aus dem Graphikzyklus ›Desastres de la guerra‹ (1810–1813)

mehrere schwere Niederlagen erlitten hatten, tobte ein mit unerhörter Grausamkeit geführter Partisanenkrieg; Francisco Goya hat die Greuel in dem berühmten Graphikzyklus ›Desastres de la guerra‹ festgehalten. In Tirol hatten die Bauern zu den Waffen gegriffen, in Preußen – der Freiherr von Stein war auf französischen Druck in die Wüste geschickt worden – strickten die Reformer um Scharnhorst und Gneisenau insgeheim an einem Bündnis mit Österreich, dort förderte der Erzherzog Karl die Bildung einer Landwehr, wovor man bis dato aus Revolutionsfurcht – Volksbewaffnung! – zurückgeschreckt war.

Geschichte 1809:
April: Einmarsch österreichischer Truppen in Bayern; Beginn des fünften Koalitionskriegs (bis Oktober).
Mai: Schlacht bei Aspern, Sieg der Österreicher unter Erzherzog Karl (erste Niederlage Napoleons); antinapoleonischer Volkskrieg in Tirol (A. Hofer).
Sommer: Züge aufständischer Freikorps des preußischen Husarenmajors Schill in Norddeutschland (Ende Mai besiegt) und des »schwarzen Herzogs« von Braunschweig in Sachsen.

> Also an dem Arminiusberge standen Sie, an jener Wiege der deutschen Freiheit, die nun ihr Grab gefunden hat? Ach, wie ungleich sind zwei Augenblicke, die ein Jahrtausend trennt! *Ordentlich* ist heute die Welt; sagen Sie mir, ist sie noch schön? [...] Wenn ein Jüngling gegen den Feind, der sein Vaterland bedroht, muthig zu den Waffen greifen will, so belehrt man ihn, daß der König ein Heer besolde, welches für Geld den Staat beschützt. – Wohl dem Arminius, daß er einen großen Augenblick fand. Denn was bliebe ihm heut zu Tage übrig, als etwa Lieutnant zu werden in einem preußischen Regiment?   *An Adolphine von Werdecke, Herbst 1801*

Kleist schielte aufs Publikum, nach der kompromißlosen ›Penthesilea‹ suchte er mit dem ›Käthchen‹ den gewinnträchtigen Bühnenerfolg. Und er wollte noch ein zweites Eisen im Feuer haben. Er brauchte ein Stück, das aktuell und direkt auf das Zuschauerinteresse zugeschnitten war, ein Stück, das wegen seiner politischen Brisanz Sensation machen konnte. Derlei Gesichtspunkte dürften bei der Entstehung der ›Herrmannsschlacht‹, wohl zwischen Frühsommer und Ende 1808, eine gewichtige Rolle gespielt haben (»dies Stück mehr, als irgend ein anderes, für den Augenblick berechnet«). Wie groß Kleists Furcht vor Napoleon auch immer gewesen sein mag, am ersten Tag des Jahres 1809, als er an seinen Wiener Kollegen Heinrich Joseph von Collin schrieb, war die Furcht größer, seine Arbeit könnte wegen politischer Veränderungen alsbald umsonst gewesen sein: »Sie erhalten, in der Anlage, ein neues Drama, betitelt: *die Herrmannsschlacht*, von dem ich wünsche, daß es Ihnen gleichfalls, wie das Käthchen von Heilbronn, ein wenig gefallen möge. Schlagen Sie es gefälligst der K. K. Theater-Direction zur Aufführung vor. Wenn dieselbe es annehmen sollte, so wünsche ich fast (falls dies noch möglich wäre) das es früher auf die Bühne käme, als das Käthchen; es ist um nichts besser, und doch scheint es mir seines Erfolges sichrer zu sein.«

> **Juli**: Schlacht bei Wagram; Frankreich und das besiegte Österreich schließen den Waffenstillstand von Znaim.
> **Oktober**: Friedensschluß von Schönbrunn zwischen Frankreich und Österreich; Österreich, das Teile seines Gebiets abtritt (u. a. Salzburg, Nordtirol und das Innviertel an Bayern, Südtirol an Italien), verliert Großmachtstellung. – Am 1. Februar 1810 heiratet Napoleon die österreichische Kaisertochter Marie Luise.

›Die Herrmannsschlacht‹, die in Ludwig Tiecks 1821 erschienenen Ausgabe von Kleists hinterlassenen Schriften erstmals gedruckt wurde, faßt die zeitgenössische politische Konstellation in Szenen. »Sonderbarerweise aber«, wundert sich Christian Gottfried Körner, einer von vielen, die das Stück aus kursierenden Abschriften kannten, »hat es Bezug auf die jetzigen Zeitverhältnisse und kann daher nicht gedruckt werden.« Über die nähere Art dieses Bezuges, welche aktuellen Aspekte des Stückes für den zeitgenössischen Leser umstandslos durchsichtig waren, dazu sind keine Stimmen überliefert. Was die Tendenz des Stückes angeht, so trug Kleist die Farben dick auf. Die Römer sind die Besatzer, fadenscheinig verkleidete Franzosen, das verstand sich von selbst. Gegen sie ist jedes Mittel recht, die Befreiung vom Gegner ist gleichbedeutend mit dessen völliger Vernichtung; nach dieser Devise handelt der Cheruskerfürst Herrmann, eine Mischung aus dumpfem barbarischem Haß und schärfster strategischer Intelligenz, Sprachrohr des totalen Kriegs und Virtuose der Volksverhetzung. Die innere Widersprüchlichkeit, Fragwürdigkeit dieser Figur im Bärenfell ist vom Theater erst in neuerer Zeit entdeckt worden durch eine vielgerühmte Inszenierung Claus Peymanns 1982 in Bochum. Nach dem Zweiten Weltkrieg hätte man dieses Drama am liebsten totgeschwiegen. Am Vorabend und während des Ersten Weltkriegs als hurrapatriotisches Festspiel vielerorts zelebriert, wurde ›Die Herrmannsschlacht‹ im Nationalsozialismus zum meistgespielten Kleist-Drama, und man feierte den Autor, so der Reichsdramaturg Rainer Schlösser 1934, als »Eck- und Grundpfeiler eines Spielplans der stählernen Romantik«, der angeblich, neben vielem anderen Unsinn, den man ihm seinerzeit andichtete, »seine völkische Not« in dem Cheruskerstück »geradezu herausschrie.«

> Wie schrecklich sind diese Zeiten! [...] Vierzig tausend Mann auf dem Schlachtfelde [bei Jena und Auerstedt], und doch kein Sieg! Es ist entsetzlich. [...] Es wäre schrecklich, wenn dieser Wütherich sein Reich gründete. Nur ein sehr kleiner Theil der Menschen begreift, was für ein Verderben es ist, unter seine Herrschaft zu kommen. Wir sind die unterjochten Völker der Römer. Es ist auf eine Ausplünderung von Europa abgesehen, um Frankreich reich zu machen. Doch, wer weiß, wie es die Vorsicht lenkt.
> *An Ulrike von Kleist, 24. Oktober 1806*

60 Szenenbild zur ›Herrmannsschlacht‹. Leopold von Ledebour in der Rolle des Marbod, um 1919.

Einer Stelle in den Memoiren des späteren preußischen Generals von Hüser – sie kamen 1877 heraus – glaubt man entnehmen zu dürfen, daß Kleist sich nicht nur dichterisch, sondern in der zweiten Hälfte des Jahres 1808 auch geheimdienstlich gegen Napoleon engagiert hat. »Auch verschiedene kleine Reisen wurden erforderlich«, erinnerte sich Hüser, »sowohl um Personen zu sprechen, als auch um in unbedeutenden, wenig beaufsichtigten Orten Briefe zur Post zu ge-

> In der ›Hermannsschlacht‹, wo der furor nationalistisch wird, merkt man dann, welches hysterischen (Goethe sagte: hypochondrischen) Geistes er im ganzen ist, und zieht erschrocken die Fühler ein.
>
> *Thomas Mann, 1949*

ben, die man in Berlin, wo die Post unter französischer Kontrolle stand, ihr nicht anzuvertrauen wagte. So bin ich zum Beispiel mehrere Male bis Baruth [nordöstlich von Bautzen] geritten, um dort an den als Dichter bekannten Heinrich von Kleist, der unser Gesinnungsgenosse war und in Dresden lebte, Briefe auf die Post zu bringen.« Näheres ist darüber nicht bekannt. Da jedoch auch Pfuel, neben anderen mit Kleist in Verbindung gebrachten Personen, für eine konspirative Gruppe antinapoleonischer Freischärler tätig war, die in Sachsen die geheime Volksbewaffnung betrieb und dort die Möglichkeiten eines preußischen Einmarsches sondierte, und sogar Adam Müller angeworben werden sollte, der sich aber erwartungsgemäß »mit einem diplomatischen Achselzucken« aus der Affäre zog, scheint Hüsers Mitteilung glaubwürdig.

Anfang April 1809 brach mit dem österreichischen Einmarsch in Bayern der Krieg wieder aus. In Dresden blies man zum Aufbruch. Die sächsischen Truppen wurden den Österreichern in Richtung Donau entgegengeschickt, der König und die Königin vom französischen Marschall Bernadotte nach Frankfurt am Main verfrachtet (sie »haben laut geweint, da sie in den Wagen stiegen«). Auch Kleist, der soeben den windigen Geschäftspraktiken seines Partners Müller auf die Schliche gekommen war, wollte fort, mit seinem Freund Buol und dem Gesandtschaftstroß nach Wien. Vermutlich hatte er dort, durch Buols Vermittlung, einen publizistisch-propagandistischen Posten in Aussicht. Buol und die Botschaft gingen, Kleist, pleite wie er war, mußte vorläufig bleiben, einen Bettelbrief an Schwester Ulrike schreiben sowie um einen Abschlag auf die Hinterlassenschaft der Anfang des Jahres gestorbenen Tante Massow bitten. Mitte des Monats gingen noch 300 Gulden für das nach Wien verkaufte ›Käthchen‹ ein. Dies meldete Kleist an Collin, fand schmeichelhafte

> Die außerordentliche Konjunktur der ›Hermannsschlacht‹ spiegelt sich in der Anzahl der Aufführungen wider. Das Stück, das erst gut 50 Jahre nach der Entstehung seine erfolglose Uraufführung erlebte, wird vor allem in den Jahren unmittelbar vor dem [Ersten Welt-] Krieg extrem häufig gegeben. Höhepunkt ist das Jahr 1913 mit über 60 Aufführungen. [...] Im Krieg werden einige Aufführungen sogar mit aktuellen Meldungen von der Westfront zusätzlich aufgeheizt.
> *Andreas Dörner, ›Politischer Mythos und symbolische Politik‹, 1966*

Worte für dessen agitatorische ›Lieder österreichischer Wehrmänner‹ (Februar 1809) und knüpfte daran die Übersendung von Stücken aus der eigenen lyrischen Produktion: »Ich auch finde, man muß sich mit seinem ganzen Gewicht, so schwer oder leicht es sein mag, in die Waage der Zeit werfen; Sie werden inliegend mein Scherflein dazu finden. Geben Sie die Gedichte, wenn sie Ihnen gefallen, [dem Verleger] *Degen* oder wem Sie wollen, in öffentliche Blätter zu rücken, oder auch einzeln (nur nicht zusammenhängend, weil ich eine größere Sammlung herausgeben will) zu drucken; ich wollte, ich hätte eine Stimme von Erz, und könnte sie, vom Harz herab, den Deutschen absingen.« Bei allem patriotischen Eifer hatte Kleist den buchhändlerischen Aspekt also nicht ganz aus dem Auge verloren! Beigelegt war dem Brief wahrscheinlich die heute in der British Library aufbewahrte, aus Stefan Zweigs Autographensammlung dorthin gelangte Sammelhandschrift mit der ›Germania‹-Ode (siehe unten), dem ›Kriegslied der Deutschen‹ und dem Herrscherhymnus ›An Franz den Ersten‹. Auch auf ihr der Vermerk, der Verfasser wünsche »weiter nichts, als daß sie *einzeln* erscheinen«.

Die Gedichte blieben zu Kleists Lebzeiten ungedruckt. In Wien hielt man eine baldige französische Besetzung der Stadt nicht für ausgeschlossen, und ehe es am 13. Mai dann tatsächlich dazu kam, trennten sich die Buchhändler, eingedenk ihres 1806 hingerichteten Nürnberger Kollegen Palm, so schnell wie möglich von sämtlichen Gelegenheitsschriften; »der ganze Stadtgraben war damit überfüllt, ballenweise wurden sie zugeführt«, notierte ein Augenzeuge. 1813 kramte man Kleists Gedichte, als ideologische Munition in den sogenannten Befreiungskriegen, wieder hervor. »Im gegenwärtigen Moment«, schrieb Pfuel, der einen Separatdruck der ›Germania‹ veranstaltete, »wird ihre Herausgabe dem Publi-

---

Zu den Waffen! Zu den Waffen! / Was die Hände blindlings raffen! / Mit der Keule, mit dem Stab, / Strömt in's Thal der Schlacht hinab! [...] Alle Plätze, Trifft' und Stätten, / Färbt mit ihren Knochen weiß; / [...] Dämmt den Rhein mit ihren Leichen; / [...] Eine Lustjagd, wie wenn Schützen / Auf die Spur dem Wolfe sitzen! / Schlagt ihn todt! Das Weltgericht / Fragt euch nach den Gründen nicht!

›*Germania an ihre Kinder*‹

61 Friedrich Christoph Dahlmann

kum nicht weniger passend sein.« Man wird sich die Verse mit überschnappender Stimme gelesen vorstellen müssen.

Am 29. April endlich reiste Kleist aus Dresden ab, nicht »ohne einige Schulden daselbst zurück zu lassen«; sein Begleiter war der nachmals bedeutende Historiker Friedrich Christoph Dahlmann (1785–1860), der sich seit Ende des Vorjahrs in der sächsischen Metropole aufgehalten hatte. Kleist und Dahlmann gingen auf Schusters Rappen und passierten die bereits geschlossene böhmische Grenze, laut Dahlmanns Autobiographie, »mit Hülfe eines österreichischen Gesandtschaftspasses, der freilich zugleich die Reisenden unauflöslich an einander schmiedete.« Nach einer knappen Woche erreichten die »beiden Reise-Siamesen« (Dahlmann) Prag. Sie wollten weiter nach Wien, blieben aber unterwegs hängen, als dort die Franzosen eingezogen waren. Keine vierzehn Tage mehr, und plötzlich keimten große Hoffnungen auf. In der Schlacht von Aspern am 21. und 22. Mai, wo der Übergang der französischen Truppen über die

62 Aus ›Germania an ihre Kinder‹. Die Ode ist in unterschiedlichen Fassungen überliefert. Insgesamt sind 9 Versionen bekannt. Der abgebildete Handschriftenausschnitt zeigt die von Georg Minde-Pouet im Jahr 1918 herausgegebene Fassung.

Donau vereitelt wurde, erlitt Napoleon seine erste militärische Niederlage. Kleist besang den siegreichen Erzherzog Karl als »Überwinder des Unüberwindlichen«. Drei Tage später irrten der Sänger und sein Begleiter über das Schlachtfeld (»um Alles zu betrachten, und uns von dem Gang der Begebenheiten zu unterrichten«, so Kleist), mehr als vierzigtausend Mann hatten dort ihr Leben gelassen. Nach Dahlmanns Erinnerung hielt man die beiden Schlachtenbummler für französische Spione und nahm sie kurzerhand in Polizeigewahrsam, worauf Kleist, groteske Szene, zum Ausweis seiner patriotischen Gesinnung einige seiner geifernden Gedichte hervorgekramt habe.

Ende Mai waren Kleist und Dahlmann wieder in Prag. Die Stadt wimmelte von preußischen Offizieren und exilierten norddeutschen Zivilisten, sie bildeten eine Zielgruppe, die sich ein brotloser Schriftsteller, so er nicht, wenigstens vorübergehend nicht, als Poet ewigen Ruhm, sondern als Publizist Wirkung anpeilte, nur wünschen konnte. Buol, neuerdings Provinzialkommissar der österreichischen Truppen in Sachsen, führte Kleist alsbald mit dem Prager Stadthauptmann und anderen ortsansässigen Vertretern der österreichischen Kriegspartei zusammen. Man war sich in der Be-

> Zwei Tage nach der Schlacht von Aspern erlebten wir, die das Schlachtfeld zu betrachten kamen, einen sonderbaren Auftritt. Beim Hin- und Herwandern standen wir der Lobau gegenüber, und ich fragte, auf einen schmalen Arm der Donau zeigend, einen Bauern, der Kugeln sammelte, ob die Franzosen hier eine Brücke gebaut oder die Furt, die nicht tief schien, durchwatet hätten? Der ehrliche Mann verstand das so, als ob ich zu den Franzosen auf der Lobau hinüber wolle, und machte gleich seine Anzeige. Als aber auf den Lärm von zwei Spionen sich eine große Schaar von Soldaten schimpfend um uns sammelte, da war es ein halb trauriger halb komischer Anblick, wie Kleist seine französenfeindlichen Gedichte aus der Tasche zog und dadurch Wunder zu wirken glaubte. Allein selbst bei den Officieren that das keine andere Wirkung, als daß die Einen zur Schmach eines ehrenvollen Namens Kleisten fragten, ob er dem Magdeburger Kleist [der Magdeburg 1806 kampflos den Franzosen übergeben hatte] verwandt sei, die Andern aber, welche Einzelnes in den Gedichten lasen, dem Verfasser Vorwürfe machten, daß er sich in Politik und überhaupt in Dinge mische, die einen guten Unterthanen gar nichts angingen. Die Sache selbst war ungefährlich und ward durch den Feldmarschall Grafen Hiller, in dessen Hauptquartier zu Neustädtl [Neusiedl] wir geführt wurden, unmittelbar mit großer Freundlichkeit beendigt.
> *Friedrich Christoph Dahlmann, 1849*

63 Die Schlacht bei Aspern am 21.–22. Mai 1809 (Sieg der Österreicher über Napoleon). Gemälde von Johann Peter Krafft (1780–1856) aus dem Jahr 1820

urteilung der Lage einig: Österreich sollte aus seiner Isolation herausgeführt und eine gesamtdeutsche Allianz zum Krieg gegen Napoleon mobilisiert werden. Den Sieg bei Aspern, der zwar keinen strategischen, wohl aber propagandistischen Erfolg gebracht hatte, betrachteten sie als ersten Schritt. Nun galt es, das antinapoleonische, pronationale Klima weiter anzuheizen, vor allem im Hinblick auf Preußen, das sich bislang neutral verhalten hatte. Kleist und Dahlmann planten die Herausgabe eines »patriotischen Wochenblatts«, betitelt ›Germania‹. Die bürokratischen Mühlen der k.k.-Monarchie malten jedoch langsam. Der Plan wurde dem Kaiser zur »Allerhöchsten Entschließung« vorgelegt. Dabei blieb es.

> Diese Zeitschrift soll der erste Atemzug der deutschen Freiheit sein. Sie soll Alles aussprechen, während der letzten drei, unter dem Druck der Franzosen verseufzten, Jahre, in den Brüsten wackerer Deutschen, hat verschwiegen bleiben müssen: Alle Besorgnis, alle Hoffnung, alles Elend und alles Glück.
>
> *Programm der ›Germania‹*

Napoleons Sieg bei Wagram am 6. Juli und der eine Woche darauf geschlossene Waffenstillstand, von dem Kleist im Prager »Gasthofe zum Erzherzog Karl« erfuhr, bewirkten einen scharfen Kurswechsel der österreichischen Politik und hatten einschneidende personelle Veränderungen an der Spitze von Heer und Verwaltung zur Folge. Die von Kleist, Dahlmann und Buol ausgeheckte Zeitschriftenidee war nicht mehr opportun, wie Kleist bereits Mitte Juli gegenüber seiner Schwester Ulrike klar erkannte: »Ich bin gänzlich außer Stand zu sagen, wie ich mich jetzt fassen werde. Ich habe Gleißenberg geschrieben, ein Paar ältere Manuscripte zu verkaufen; doch das eine wird, wegen seiner Beziehung auf die Zeit, schwerlich einen Verleger, und das andere, weil es keine solche Beziehung hat, wenig Interesse finden. Kurz […], das ganze Geschäfft des Dichtens ist mir gelegt; denn ich bin, wie ich mich auch stelle, in der Alternative, die ich dir so eben angegeben habe.« Nach diesem Brief verliert sich Kleists Spur bis Ende Oktober. Wieder war ein Projekt gescheitert. In Berlin und Königsberg kursierten Gerüchte, er wäre »in dem Kloster der barmherzigen Brüder zu Prag gestorben«, fälschlicherweise meinten einige, »an den bei Wagram erhaltnen Wunden«. Am 31. Oktober verließen Kleist

64 Prag um 1820. Blick vom Kleinen Ring auf den Altstädter Ring

> Die große Noth, in der ich mich nun befinde, zwingt mich, so ungern ich es thue, den Kaufmann Ascher in Dreßden, dem ich zu Johanny mit einer Schuld verfallen bin, um Prolongation des Termins zu bitten. Es bleibt mir nichts Anderes übrig, wenn ich mir auch nur, bis ich wieder etwas ergriffen habe, meine Existenz fristen will. In Verfolg dieser Maasregel bitte ich dich, mir die 272 rh, oder was aus den Pfandbriefen der Tante Massow herauskommen mag, in Conv. Münze, nach Prag zu schicken. Ich bitte dich, es sobald als möglich ist, zu thun, um mich aus Prag, wo ich sonst gar nicht fort könnte, frei zu machen. Was ich ergreifen werde, wie gesagt, weiß ich nicht; denn wenn es auch ein Handwerk wäre, so würde, bei dem, was nun die Welt erfahren wird, nichts herauskommen. Aber Hoffnung muß bei den Lebenden sein. – Vielleicht, daß die Bekanntschafften, die ich hier habe, mir zu irgend etwas behülflich sein können.
>
> *An Ulrike von Kleist, 17. Juli 1809*

und Dahlmann Prag, mit Pässen, die sie tags zuvor nach Dresden beantragt hatten. Der Friedensschluß von Schönbrunn lag kaum mehr als zwei Wochen zurück. In der dritten Novemberwoche tauchte Kleist im heimischen Frankfurt auf, wo er beim amtlichen Vermögenswalter die Aufnahme einer Hypothek von 500 Talern auf seinen Anteil am elterlichen Hause beurkundete. Am selben Tag, Donnerstag, dem 23. November, unterrichtete er seine Schwester brieflich davon und schloß: »Ich gehe nach dem Österreichischen zurück, und hoffe, daß du bald etwas Frohes von mir erfahren wirst.«

65 Die Schlacht von Wagram am 5./6. 1809 in einem Gemälde von Horace Vernet, Musée Versailles

Berlin 1810/1811

Mauerstraße Nr. 53

So wenig man über Kleist in dieser Lebensphase auch weiß, »nach dem Österreichischen« ging er offenbar nicht wieder zurück. Ende 1809 erschien er für kurze Zeit in Berlin, vielleicht. Nächster bekannter Aufenthalt: Frankfurt am Main. Von dort schickte Kleist am 12. Januar 1810 einen Brief nebst ›Käthchen‹-Manuskript nach Tübingen, um sich bei Cotta zu erkundigen, ob der sich endlich zum Verlegen des Ritterschauspiels durchgerungen habe und ihm, wenn ja, einen Honorarvorschuß in beliebiger Höhe »gefälligst willfahren« lassen wolle. Cotta nahm das Buch nicht an und überwies kein Geld, Kleist verlangte das Manuskript am 1. April verärgert zurück. Ende Januar hielt sich Kleist in Gotha zu einem Kurzbesuch bei seinem Freund Hartmann von Schlotheim auf, einem Mitwirkenden am ehemaligen Potsdamer Offiziersquartett, der Kleist dankbar verbunden und in Geldnöten mehrfach beigestanden war. Anschließend Rückkehr nach Berlin, das ›Berliner Intelligenz-Blatt‹ meldete unter der Rubrik der »einpassirten Fremden«: »Den 4. Februar angekommen Hr. v. Kleist, Lieutenant a. D., von Potsdam, Hotel de Prusse.« Er trat, was die Kenntnis seiner Biographie angeht, wieder hinter der Kulisse hervor.

Lange hielt es Kleist nicht in dem Hotel. Nach ein paar Tagen fand er eine Wohnung im Haus des »Quartiermeisters Müller« in der Mauerstraße 53 – sie sollte sein letztes Domizil werden, seinem Vermieter wird er »als einen kleinen Dank für seine gute Aufnahme und Bewirthung« »das kleine, schwarzlederne

---

Muß nach Prag zurück: lebt ein Zeit lang dort. Schwere Krankheit: Reise nach Berlin. Umgang mit Arnim, Müller; Benkdorf; Redaktion des Abendblatts. Widerstreben gegen Anstellung, welches seine Familie wünschte.
Wilhelm von Schütz, ›Biographische Notizen über Kleist‹, 1817

66 Die Mauerstraße mit der Dreifaltigkeitskirche. Kolorierter Kupferstich von Johann Georg Rosenberg aus dem Jahr 1785

Felleisen« vermachen. Das Haus wurde 1910 abgerissen und auf dem Grundstück das Palais eines Bankiers errichtet; dort ist noch heute eine Gedenktafel aus Bronze zu besichtigen, die von der Stadt Berlin 1890 an dem abgerissenen Gebäude angebracht worden war. In Kleists Nachbarschaft, Mauerstraße 34, dem Haus des Geheimen Postrats Pistor, logierten illustre Gäste, Schulfreunde und ehemalige Kommilitonen des Gastgebers: schon seit Frühjahr 1809 Achim von Arnim und seit September auch dessen »Wunderhorn-Bruder« Clemens Brentano, der auf der Flucht vor seiner Frau Auguste in Berlin untergetaucht war, die ersten beiden Monate in Gemeinschaft mit Wilhelm Grimm. Bei Pistor scharten Arnim und Brentano ein »Freßcollegium« um sich – prosaischer: einige befreundete Singles aßen gemeinsam zu Mittag und zu Abend –, dessen »Mitesser« (Brentano) Kleist noch im Februar wurde.

67 »Ästhetischer Thee« in Berlin – Anfang des 19. Jahrhunderts

In jenen Februar- und Märztagen muß Kleists Finanzlage so erbärmlich wie selten gewesen sein. Wenn Brentano brieflich in dieser Zeit etwas über seinen neuen Bekannten mitteilte, fiel fast immer auch das Wort »arm«. Das spitzwegsche Dachstubenidyll, das sich in einer Schilderung Arnims für Wilhelm Grimm findet: »er lebt sehr wunderlich, oft ganze Tage im Bette, um da ungestörter bei der Tabackspfeife zu arbeiten«, war für Kleist bittere Notwendigkeit; nicht »ungestörter«, sondern vor allem billiger, denn der Februar war kalt und Brennstoff zu teuer.

Wenn Kleist nicht zurückgezogen arbeitete – er schrieb, so Brentanos Beobachtung, »sehr schwer und mühsam« –, traf man ihn gelegentlich bei einer der zahlreichen Einladungen und abendlichen Geselligkeiten, welche die bescheiden und unaufwendig sich gebende hauptstädtische Salonkultur prägten. Kleist war noch kaum in Berlin, und schon hatte er eine ganze Reihe neuer Bekannter. Hierbei halfen ihm wohl auch die vielfältigen Kontakte des umtriebigen Adam Müller, der, frisch verheiratet und noch immer auf der Suche nach einer ihm adäquaten Anstellung, sich seit seiner Ausweisung aus dem Königreich Sachsen in Berlin aufhielt. Mit ihm hatte Kleist sich gleich nach seiner Ankunft ausgesöhnt; im Sommer des folgenden Jahres, Müller hatte seine Zelte in Preußen mittlerweile abgebrochen, sollte Kleist gar gestehen: »Müllers Abreise hat mich in große Einsamkeit versenkt. Er war es eigentlich um deßentwillen ich mich vor nun ohngefähr einem Jahr wieder in Berlin niederließ.«

Kleists Berliner Bekanntenkreis war ein Netzwerk, das ihm bei seinen schriftstellerischen Plänen von Nutzen sein konnte. Georg Andreas Reimer wurde der Verleger seiner letzten Bücher, der ehemalige Kriminalrat und jetzige Verleger Julius

---

Abends Thee und Souper bei dem guten Wolfart. Brentanos schändliches Benehmen gegen den guten [Theaterdirektor] Bethmann […]. Es war doch ein interessanter Abend, anfangs sehr polemisch und unartig, aber das wirklich vortreffliche Souper und der Punsch vereinigte endlich alles, man trank, man sang, man stieß an, man umarmte sich, in reiner Stimmung der Harmlosigkeit gieng man auseinander. Bethmann hatte mich am meisten interessiert. Hauptpunkte des Gesprächs oder Streits waren gewesen: die Vermählung der Erzherzogin [mit Napoleon], das hiesige Theater, die Niebelungen und Kleists Phlegma; dann sang Brentano, das erste gute, was er heute that. *Otto Heinrich Graf von Loeben, 23. Februar 1810*

Eduard Hitzig, Freund von Fouqué und Chamisso – und späterer Biograph E. T. A. Hoffmanns –, rief mit ihm die ›Berliner Abendblätter‹ ins Leben, er hatte Kontakte zur Salfeldschen Buchhandlung, und bei dem »dicken, guten, alle Jahr einmal verrückten Buchhändler Sander« (Brentano) und dessen umschwärmter Frau Sophie war er häufig zu Gast. Einige seiner Gastgeber und so manchen, den er bei einer Einladung kennenlernte, gewann er als Beiträger zu den ›Abendblättern‹. »Hier wimmelt die Stadt von Poeten«, schrieb Arnim einem Freund, »neulich war ich auf einem Mittagessen [...] mit dreißigen.« In Gesellschaften wirkte Kleist, soweit man dies den Zeugnissen entnehmen kann, anscheinend eher zurückhaltend, vielleicht auch etwas unsicher. Unzugänglich war er freilich nicht. Rahel Levin-Robert, nachmals Varnhagen, die berühmte Briefschreiberin und Salonière, zwischen der und Kleist eine herzliche Freundschaft sich ankündigte, berichtete von einer Gesellschaft bei den Sanders: Arnim und Brentano hätten »in schwarzen Theekleidern und Bestrumpfung« kühle Blasiertheit zur Schau getragen »und niemand in der Hitze« an sich herangelassen; »Kleist, mit straßenbeschädigten Stiefeln, und ich lachten heimlich in einem Winkel und amüsierten uns mit uns selbst.«

Einen Lockbrief für Ulrike von Kleist setzte ihr Bruder am 19. März auf. Ob sie nicht »auf ein oder ein Paar Monate nach Berlin« kommen wolle, für ihr gesellschaftliches Entrée würde er sorgen. Kleist hatte alte Verbindungen wieder aufgefrischt, mit seinem ehemaligen Förderer Altenstein – 1808 bis zu Hardenbergs Ernennung im Juni 1810 preußischer Finanzminister und Kabinettschef –, zu dem der Kontakt nie ganz abgerissen war, und mit dem Geheimen Staatsrat und dilettierenden Dichter Staegemann und seiner schönen Frau Elisabeth, Freunden aus der Königsberger Zeit, denen er bis an

68 Der Verleger
Eduard Hitzig
(1780–1849)

69 Rahel Levin-Robert (1771–1833)

sein Lebensende eng verbunden bleiben wird. Und dann, die Schwester sollte doch stolz auf ihn sein, zwei besonders wohlschmeckende Bonbons für sie. »Ich habe der Königinn,« rühmte er sich, »an ihrem Geburtstag, ein Gedicht überreicht, das sie, vor den Augen des ganzen Hofes, zu Thränen gerührt hat; ich kann ihrer Gnade, und ihres guten Willens, etwas für mich zu thun, gewiß sein« – mehr als nur die kleine Pension, die ihm vermeintlich Königin Luise, in Wirklichkeit Marie von Kleist zahlte. Almosen würde er ohnedies bald keine mehr brauchen, denn: »Jetzt wird ein Stück von mir, das aus der Brandenburgischen Geschichte genommen ist, auf dem Privattheater des Prinzen Radziwil gegeben, und soll nachher auf die Nationalbühne kommen, und, wenn es gedruckt ist, der Königinn übergeben werden.« Also doch noch der längst versprochene Dichterlorbeer für die Familie Kleist? Ulrike hatte dergleichen Zukunftsmusik schon öfter lesen oder hören müssen, als daß sie, wie man vermuten darf, sonderlich beeindruckt davon gewesen wäre. Ahnte sie schon, daß die Aufführung bei dem kunstliebenden Prinzen nicht zustandekommen würde? Das »aus der Brandenburgischen Geschichte« genommene Stück war ›Prinz Friedrich von Homburg‹, von Ludwig Tieck 1821 aus dem Nachlaß herausgegeben und im selben Jahr am Wiener Burgtheater unter dem Titel ›Die Schlacht von

---

Ich bin auch jetzt von einem Menschen, das heißt von Kleist, dem Dichter, dem Freunde von Adam Müller, sehr eingenommen. Er ist mir auch gut. Gestern Morgen ging ich mit ihm [...]. Ich komme ihm mehr wunderbar – fast putzig, fast! – als rührend vor. Keinen Strahl von Zärtlichkeit, also von Sicherheit, wirft mir sein Auge! Und daß ich's nur sage: er ist für mich nicht *ganz* sehend, so hat er doch noch einen Staar!–
Rahel Levin-Robert an Alexander von der Marwitz, 24. Mai 1810

70 ›Königin Luise im Reitkleid‹. Pastellgemälde von Wilhelm Ternite, um 1810

Fehrbellin‹ uraufgeführt – und »gänzlich durchgefallen«.

Er stand wieder einmal ganz am Anfang, obwohl doch das ›Käthchen‹ soeben in Wien nicht ohne Erfolg uraufgeführt wurde. Und wieder einmal brauchte er dringend Geld, und wären die Summen auch noch so klein. Im Lauf des April hatte er mit Reimer abschließen können, am 30. April bestätigte er ihm den Empfang eines Vorschusses von 30 Reichstalern (bei insgesamt 50 Talern) »für einen Band von Erzählungen, der in drei Monaten à dato abzuliefern ist.« Ein solcher Band war am schnellsten herzustellen, da man Texte dafür vorsah, von denen zwei (›Die Marquise von O…‹, ›Das Erdbeben in Chili‹) vollständig und der dritte (›Michael Kohlhaas‹) immerhin fragmentarisch bereits gedruckt waren. Zwischendurch schrieb er schroffe Briefe wegen einer Geldforderung von 30 Talern, die Schlotheim an ihn abgetreten hatte. Am 19. Juli starb die nachmals fast kultisch verehrte Königin Luise, die angeblich von ihr ausgesetzten monatlichen 25 Taler waren damit *perdu*; als Kleist sich an oberster Stelle danach erkundigte, wußte niemand davon. Im August folgte der Zwist mit Iffland um die Aufführung des ›Käthchen‹, wo-

> An unsere Königinn kann ich gar nicht ohne Rührung denken. In diesem Kriege, den sie einen unglücklichen nennt, macht sie einen größeren Gewinn, als sie in einem ganzen Leben voll Frieden und Freuden gemacht haben würde. Man sieht sie einen wahrhaft königlichen Charakter entwickeln. Sie hat den ganzen großen Charakter, auf den es jetzt ankommt, umfaßt […]. Sie versammelt alle unsere großen Männer, die der K[önig] vernachläßigt, und von denen uns doch nur allein Rettung kommen kann, um sich; ja sie ist es, die das, was noch nicht zusammengestürzt ist, hält.
> *An Ulrike von Kleist, 6. Dezember 1806*

durch das Berliner Nationaltheater für Kleist zu Feindesland wurde, und die Offerte des Stücks an Reimer. Kleist war total abgebrannt. In seinen Briefen an Reimer ständig dasselbe Lied: »Honorar überlasse ich Ihnen, wenn es nur gleich gezahlt wird«; »geben Sie, was Sie wollen, ich bin mit allem zufrieden, nur geben Sie es *gleich*«; »schicken Sie mir soviel, oder so wenig, als Sie wollen; es soll mir Alles recht sein«; »ich bitte um Geld, wenn Sie es entbehren können; denn meine Casse ist leer.« Man wüßte gerne Näheres, wie er sich über Wasser hatte halten können.

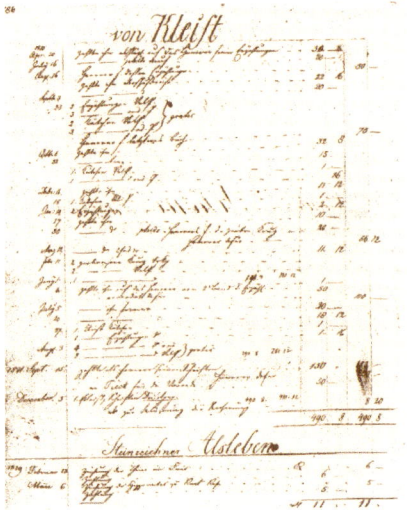

71 Kleist-Seite aus Reimers Kontobuch

»Eine ideale Wurstzeitung«

Das Wetter am 1. Oktober 1810, einem Montag, empfand man in Berlin als angenehm; das Thermometer stand bei 10° C, die Sonne schien trotz eines etwas bewölkten Himmels, es fiel etwas Regen, der Wind kam aus Nordwest. Laut Tagesbericht des Berliner Polizeipräsidenten Justus Gruner stürzte in der

72 Der Verleger Georg Andreas Reimer (1776–1842)

Heiligengeiststraße der Tagelöhner Wilhelm Krause vom Dach eines dreistöckigen Hauses, brannte in Lichterfelde ein Bauernhof – die Nacht zuvor war das baufällige Haus eines Bäckermeisters abgebrannt –, eine Rotte von Brandstiftern trieb ihr Unwesen, zwei junge Stiefelputzer wurden wegen Herumstreunens verhaftet, bei einem Landstreicher fand man Diebesgut, 54 Personen waren in Berlin angekommen, 45 abgereist. Unerwähnt ließ der Bericht, worauf das Publikum mittels Zeitungsannoncen und »an den Linden und Straßenecken angeschlagenen« Plakaten seit kurzem vorbereitet worden war: den Start der ›Berliner Abendblätter‹. Die von Kleist redigierte, bis Jahresende zunächst von Hitzig verlegte Zeitung, die in Format, Umfang (4 Seiten, gelegentlich um Extrablätter erweitert), Druck- und Papierqualität einem Flugblatt glich, ein journalistischer Gemischtwarenladen war, kaum etwas kostete und, vor allem, als erste in Berlin und als eine der ersten deutschsprachigen überhaupt, sechsmal pro Woche herauskam, schlug sensationell ein. Es herrschte ein derart starkes Interesse, schilderte Staegemann einem Freund, »dass vor einigen Tagen Wache nöthig war, um das andringende Publikum vom Stürmen des Hauses des Verlegers abzuhalten«. Nach einer Woche wurde die Auslieferung in eine größere Lokalität, die Leihbibliothek Kralowsky (»Jägerstraße Nr. 25 Parterre«), verlegt. Das Unternehmen schien auf dem besten Wege, wie Kleist halbvertraulich in einem Brief schrieb, »ein *Volksblatt* d. h. (weil es kein Centrum der Nation giebt) ein Blatt *für alle Stände* des Volks« zu werden.

Bei der Etablierung der ›Berliner Abendblätter‹ hatte Kleist mit dem Widerstand der Administration und der Zensur zu rechnen. Adam Müller, der in einigen auswärtigen Gazetten als Mitherausgeber angesehen wurde – die Anonymität von Herausgeber, Redaktion und Autoren war seinerzeit publizisti-

> Berliner Abendblätter. Unter diesem Titel wird sich mit dem 1. Oktbr. d. J. ein Blatt in Berlin zu etabliren suchen, welches das Publikum, in sofern dergleichen überhaupt ausführbar ist, auf eine vernünftige Art unterhält. Rücksichten, die zu weitläuftig sind, auseinander zu legen, mißrathen uns eine Anzeige umständlicherer Art. Dem Schluß des Jahrgangs wird ein weitläuftiger Plan des Werks angehängt werden, wo man alsdann zugleich im Stande seyn, wird, zu beurtheilen, in wie fern demselben ein Genüge geschehen ist.
> Berlin, den 25sten Septbr. 1810. Die Redaktion der Abendblätter.

scher Usus –, hatte bei der gescheiterten Gründung eines eigenen Zeitungsprojekts bereits einschlägige Erfahrungen gesammelt. Die Obrigkeit schien wenig gewillt, die für die Herausgabe eines politischen Blatts erforderliche Konzession zu erteilen. Kleist mußte also strategisch vorgehen. Den »patriotischen Zweck« seines Unternehmens, den er beispielsweise gegenüber Fouqué herausstrich, spielte er in der Gründungsphase stark herunter, so daß in der Öffentlichkeit der Eindruck entstanden sein mochte, das Profil des neuen Organs sei nicht das einer Zeitung im engeren Sinn, sondern hätte im apolitischen Unterhaltungsjournalismus sein Vorbild.

73 Die Redaktion der ›Berliner Abendblätter‹ hatte den Widerständen von Zensur und Administration zu begegnen.

Der enorme Anfangserfolg wird selbst für den Herausgeber überraschend gewesen sein. Der Köder für das Publikum steckte in der Rubrik »Polizei-Rapport«, einem Novum in der deutschsprachigen Zeitungslandschaft. In ihr publizierte Kleist, häufig in wörtlicher Übernahme, Auszüge aus den täglichen Berichten des Polizeipräsidenten Gruner, der anfänglich auch als Zensor über die Zeitung wachte. Zur Zeit der Gründung der ›Berliner Abendblätter‹ bestand für Gruner dringender Handlungsbedarf wegen der, wie er in einer

---

Heinrich von Kleist hat [...] mich zum Mitarbeiter an seinen Abendblättern eingeladen, die er jetzt in Berlin mit glänzendem Erfolge herauszugeben anfängt. Ich denke, das Ganze wird sehr gut; Popularität und dadurch Verbreitung des Rechten, Vertreibung des Schlechten – vorzüglich oder doch zunächst der Iffländereien unseres Theaters ist der Hauptzweck.
Friedrich de la Motte Fouqué an Varnhagen von Ense, 11. Oktober 1810

> Ein Uhlan Namens Hahn hat seinen Vice Wachtmeister Namens Pape der ihn arretiren wollen, gestern Nachmittag um 3. Uhr in seiner Wohnung Kanonier Str: No. 10. durch zwei Pistolen Schüße getödtet. Beide wohnten in einem Hause, Hahn mit 2. Kameraden oben und Pape unten. Pape hatte Ordre den Hahn zu arretiren und da er auf sein Rufen nicht herunterkam, ging er zu ihm hinauf; als Pape dem Hahn seinen Auftrag bekannt gemacht hat, erwiedert dieser ganz kurz, von so einem Laffen ließe er sich nicht arretiren, und schießt ihn mit einem Pistol durch den Kopf, daß er gleich zu Boden stürzt. Seine beiden Kameraden, die zugegen waren, wollten sich seiner bemächtigen, allein er hält sie durch ein zweites Pistol in Respekt, setzt dieses dem schon in seinem Blute liegenden Pape an der Stirn und zerschmettert ihn durch einen zweiten Schuß den ganzen Kopf, daß das Gehirn an die Decke spritzte. Auch der Wirth und die Nachbarn, eilen nun herzu. Indeß ein drittes Pistol in einer, den Säbel in der andern Hand, hält er alles um sich ab bis zur Ankunft der Jäger Wache, von der er sich willig arretiren ließ.
> *Bericht des Berliner Polizeipräsidenten Gruner*, 15. Oktober 1810

öffentlichen Bekanntmachung erklärte, »seit einiger Zeit eingetretenen häufigen Feuersbrünste«, die auf das Konto »einer Bande von Brandstiftern« gingen. Um die »mit Recht besorgten hiesigen Einwohner zu beruhigen«, kündigte Gruner eine Reihe »außerordentlicher Polizei-Maßregeln« an, und eine dieser Maßregeln wurden die von Kleist gedruckten Verbrechensmeldungen, welche den Leser zu sachdienlichen Hinweisen auffordern wie über die Tüchtigkeit der Polizei bei der Aufdeckung von Delikten informieren sollten. Mit dieser Sicherheitspartnerschaft von Polizei und Presse war beiden Seiten geholfen. Dem Blatt trieb sie die Leser zu, und außerdem ermöglichte sie Kleist, das spezifisch journalistische Programm seines Organs schärfer zu konturieren. Bereits im 4. Blatt vom 4. Oktober war nicht mehr nur von Unterhaltung die Rede. Einen Tag später ließ Kleist die Katze vollends aus dem Sack. Selbstbewußt verkündete er – mit gesperrten Lettern – in einer Beilage, »*daß bloß das, was dieses Blatt aus Berlin meldet, das Neueste und das Wahrhafteste sei.*«

> Das Verbrechen des Uhlanen Hahn, der heute hingerichtet ward, bestand darin, daß er dem Wachtmeister *Pape*, der ihn, eines kleinen Dienstversehens wegen, auf höheren Befehl, arretiren wollte, und deshalb, von der Straße her, zurief, ihm in die Wache zu folgen, indem er das Fenster, an dem er stand, zuwarf, antwortete: von einem solchen Laffen ließe er sich nicht in Arrest bringen. Hierauf verfügte der Wachtmeister Pape, um ihn mit Gewalt fortzuschaffen, sich in das Zimmer desselben: stürzte aber, von einer Pistolenkugel des Rasenden getroffen, sogleich todt zu Boden nieder. Ja, als auf den Schuß,

Damit nahmen die ›Berliner Abendblätter‹ für sich in Anspruch, als einzige Zeitung aktuell – dank ihres abendlichen Erscheinens – und ungeschminkt aus und über Berlin zu berichten. Die Geburt des Lokaljournalismus aus dem Geist der Polizei. Kleist reklamierte für sein Blatt das Monopol auf die publizistische Lücke, die zwischen den beiden großen offiziösen Berliner Zeitungen, der ›Vossischen‹ und der ›Spenerschen Zeitung‹, und den ortsansässigen Intelligenzblättern (Anzeigenblätter ohne redaktionellen Inhalt) bestand. Von letzteren hatte Kleist keinen Widerstand zu erwarten, da die ›Abendblätter‹ nur Annoncen in eigener Sache druckten. Um so heftiger dagegen reagierte die arrivierte Konkurrenz. Der Konflikt gipfelte in einer gemeinsamen Eingabe vom 22. Dezember, worin die ›Vossische‹ und die ›Spenersche‹ unter Berufung auf ihr allerhöchst erteiltes Privilegium das ihnen verliehene Verlautbarungsmonopol anmahnten. Zu diesem Zeitpunkt steckte Kleists Unternehmen aber schon tief in der Krise.

Im ersten Quartal bestanden die ›Berliner Abendblätter‹, deren letzte Ausgabe am 30. März 1811 erschien, zu mehr als drei Vierteln aus Originalbeiträgen, wogegen im zweiten nurmehr ein Fünftel aller Artikel exklusiv für das Blatt geschrieben war. Kleist hatte ein Diskussionsforum für seine Bekannten geschaffen, und von denen hatte jeder seinen eigenen Kopf. Den ›Abendblättern‹ lag zwar eine oppositionelle Tendenz zugrunde, ein Parteiorgan waren sie nicht, da Kleist unterschiedliche Stimmen zu Wort kommen ließ. Obwohl die Texte fast ausnahmslos mit Kürzeln, nicht mit Namen signiert waren, weiß man: Müller – neben dem Herausgeber emsigster Autor –, Arnim, Fouqué und Staegemann zählten zu den Mitarbeitern, ebenso der Pädagoge und Schriftsteller Ludolph von Beckedorff, Brentano, mit dem

mehrere Soldaten seines Regiments herbeieilten, schien er sie, mit den Waffen in der Hand, in Respect halten zu wollen, und jagte noch eine Kugel durch das Hirn des in seinem Blute schwimmenden Wachtmeisters; ward aber gleichwohl, durch einige beherzte Cameraden, entwaffnet und ins Gefängniß gebracht. Se. Maj. der König haben, wegen der Unzweideutigkeit des Rechtsfalls, befohlen, ungesäumt mit der Vollstreckung des, von den Militair-Gerichten gefällten, Rechtsspruchs, der ihm das Rad zuerkannte, vorzugehen.«
Kleists Artikel ›Tages-Ereigniß‹ in den ›Berliner Abendblättern‹, 7. November

> **Berliner Abendblätter.**
>
> 5tes Blatt. Den 5ten October 1810.
>
> **Ode auf den Wiedereinzug des Königs im Winter 1809.**
>
> Was blickst Du doch zu Boden schweigend nieder,
> Durch ein Portal siegprangend eingeführt?
> Du wendest Dich, begrüßt vom Schall der Lieder,
> Und Deine schöne Brust, sie scheint gerührt.
> Blick' auf, o Herr! Du kehrst als Sieger wieder,
> Wie hoch auch immer Cäsar triumphirt:
> Ihm ist die Schaar der Götter zugefallen,
> Jedoch den Menschen hast Du wohlgefallen.
>
> Du hast ihn treu, den Kampf, als Held getragen,
> Dem Du, um nicht'gen Ruhms, Dich nicht geweiht.
> Du hättest noch, in den Entscheidungstagen,
> Der höchsten Friedensopfer keins gescheut.
> Die schönste Tugend, laß mich's kühn Dir sagen,
> Hat mit dem Glück des Krieges Dich entzweit:
> Du brauchtest Wahrheit weniger zu lieben,
> Und Sieger wärst Du, auf dem Schlachtfeld, blieben.
>
> Laß denn zerknickt die Saat, von Waffenstürmen,
> Die Hütten laß' ein Raub der Flammen sein!
> Du hast die Brust geboten, sie zu schirmen;
> Dem Lethe wollen wir die Asche weihn.
> Und müßt' auch selbst noch, auf der Hauptstadt
> Thürmen,
> Der Kampf sich, für das heil'ge Recht, erneun;
> Sie sind gebaut, o Herr, wie hell sie blinken,
> Für beff're Güter in den Staub zu sinken!
>
> H. v. K.
>
> [5]

74 Kleists ›Ode auf den Wiedereinzug des Königs‹ in den ›Abendblättern‹

Kleist wegen der eigenwilligen Redaktion eines Artikels über Caspar David Friedrichs Gemälde ›Mönch am Meer‹ Krach bekam, der Novalis-Epigone Graf Loeben (»Isidorus Orientalis«), Staegemanns Freund und Hausgenosse Friedrich Schulz (»Theater-Schulz«), der Publizist Friedrich Gottlob Wetzel, der pensionierte Offizier und Englandkenner Christian von Ompteda sowie der schriftstellernde Mediziner Karl Wolfart. Kleist als Herausgeber war Mädchen für alles. Er redigierte die eingehenden Manuskripte, bearbeitete sie, wählte Meldungen auswärtiger Zeitungen aus – Presseagenturen gab es noch nicht – und stutzte sie zurecht, er bestimmte den Umbruch, plazierte die Artikel – und schrieb selber die meisten. Eine große Zahl berühmter Kleist-Texte, von den Essays ›Empfindungen vor Friedrichs Seelandschaft‹ und ›Über das Marionettentheater‹ bis zu den Anekdoten, etwa der klassischen ›Anekdote aus dem letzten preußischen Kriege‹, wurden in den ›Abendblättern‹ aus der Taufe gehoben. Vieles, allzu vieles wäre verlorengegangen, hätte sich nicht dank der legendären Sammelwut der Brüder Grimm ein vollständiges Exemplar des auf schnellen Gebrauch kalkulierten

Blattes, das Wilhelm Grimm gelegentlich »eine ideale Wurstzeitung« genannt hatte, erhalten; es ist das einzige – heute unzugänglich in Schweizer Privatbesitz.

Den ›Berliner Abendblättern‹ mangelte es nicht an Themen. Die Modernisierung Preußens, das Reformwerk des Staatskanzlers Karl August von Hardenberg, war in vollem Gange. Kleists Zeitung setzte sich mit ihr auf verschiedenen Ebenen kritisch auseinander. Persönliche Motive der Autoren spielten hierbei keine zu unterschätzende Rolle. Besonders Adam Müller, der vergeblich auf einen Ruf an die neugegründete Berliner Universität gehofft hatte, verstand es virtuos, seinen Groll darüber in Sachargumente umzumünzen. Am 12. Oktober brach Müller mit dem Aufsatz ›Über Christian Jacob Kraus‹ eine Kontroverse los, die drei Monate lang geführt werden sollte und sich um die tiefgreifenden wirtschaftlichen und sozialen Veränderungen, die man von Hardenbergs Politik erwartete oder befürchtete, drehte. Hinter Müllers Artikel verbarg sich eine Attacke auf den neuen und statt ihm berufenen Lehrstuhlinhaber, einen Schüler des Königsberger Professors Kraus, bei dem Kleist Vorlesungen besucht hatte. Naheliegend auch die Gründe, weshalb das Berliner Theater in Person seines Direktors Iffland häufig zum Angriffsziel der ›Abendblätter‹ wurde. Man publizierte ein spöttisches Gedicht auf die Gastspielreiselust des großen Mimen, schrieb bissige Kritiken, stichelte gegen die Theaterrezensenten der beiden großen Berliner Zeitungen, von denen es hieß, sie wären von Iffland bestochen, meldete erfreut einen technischen Unfall bei einer Ballettaufführung und versuchte, sich durch Stimmungsmache für oder gegen bestimmte Schauspieler in die Besetzungspläne einzumischen. Der angefeindete Theaterdirektor hatte jedoch einen mächtigen Beschützer: »Iffland und Hardenberg«, heißt es in einem

75–77 Einige Mitarbeiter der ›Berliner Abendblätter‹, Achim von Arnim, Clemens Brentano, Friedrich de la Motte Fouqué (v. l. n. r.)

78 Jacob und Wilhelm Grimm (rechts)

Brief von Arnim, »hängen wie Rad und Wagenschmiere zusammen«. Ende November wurde den ›Abendblättern‹ die Theaterberichterstattung verboten; fortan war die Polizei, nochmals Arnim, »bis zum Wahnsinn, (der alles auf eine fixe Idee bezieht) ängstlich [...] in allem was das Theater betrifft.« Als willkommener Vorwand dienten der Obrigkeit Publikumstumulte bei zwei Aufführungen des Singspiels ›Die Schweizerfamilie‹, gegen dessen Hauptdarstellerin Kleists Blatt im Vorfeld tüchtig die Messer gewetzt hatte. Anfang des Monats war es zum ersten Beinahezusammenstoß mit der Zensur gekommen, als Kleist das Tabu, das auf kritischen Nachrichten über die französische Armee lag, subversiv umgangen hatte. Das Verbot der Theaterberichte, strengste politische Zensur seit einem Aufsatz Adam Müllers zum Thema ›Vom Nationalcredit‹ am 16. November, die ›Polizei-Rapporte‹, von Gruner bloß noch halbherzig beliefert, nurmehr ein Sammelsurium banaler Alltagsdelikte wie die betrügerische Manipulation von Gewichten oder Nahrungsmitteln – nach kaum zwei Monaten war der Reiz der ›Abendblätter‹ dahin, man hatte ihnen die Luft abgedreht. Ihr Herausgeber klagte: »Ich bin, wegen der Lage meines Abendblatts, in mancherlei Bedrängniß; die indirecte Zerstörung desselben ist völlig organisirt.« Hitzig wollte die Zeitung, deren Absatz rapide sank, nicht fortsetzen. Kleist wußte sich nicht mehr anders zu helfen, als Hardenberg am 3. Dezember mit gewundenen Formulierungen zu bitten, seinem »Institut, dessen Zweck Beförderung der, durch Ew. Excellenz, in diesem Augenblick, in einer so glücklichen Wendung begriffenen, vaterländischen Angelegenheiten ist, irgend eine zweckmäßige höhere Unterstützung angedeihen zu lassen.«; die Zeitung sollte durch einen offiziösen Anstrich (»halb-ministerielles Blatt«) gerettet werden. Hardenberg zeigte sich nicht abgeneigt – vielleicht hatte

Ich bin in Jahresfrist bankerott, wenn ich fortfahre, meiner Neigung zu folgen [...]. Bei den Abendblättern leide ich, ungeachtet der Anfangs glänzenden Aussichten, einen sehr empfindlichen Verlust.
Julius Eduard Hitzig an Friedrich de la Motte Fouqué, 27. November 1810

ihm Kleist gedroht, sich für das Blatt einen Verleger außerhalb Preußens zu suchen –, und er teilte seinen Abteilungschefs Kleists Ansuchen mit (»daß ihm die öffentlichen Behörden Sachen mittheilen möchten, welche einer allgemeinen Bekanntmachungwürdig erscheinen«), doch es wurde nichts daraus, die Bedenkenträger in den Behörden spielten nicht mit.

Hardenbergs Bemühungen halfen Kleist, einen neuen Verleger zu finden. Am 20. Dezember gab ›Der Freimüthige oder Berlinisches Unterhaltungsblatt für gebildete, unbefangene Leser‹ in einer

79 Karl August Freiherr von Hardenberg. Portraitgemälde von Johann Heinrich Wilhelm Tischbein

Anzeige bekannt, daß das von August Kuhn geleitete ›Kunst- und Industrie-Comptoir‹ die ›Abendblätter‹ im neuen Jahr herausbringen werde – Kuhn mußte schon im alten Jahr tätig werden, da sich Hitzig und Kleist im Streit getrennt hatten. Fortan krebste Kleists Zeitung kümmerlich dahin, vollgestopft mit auszugsweisen Nachdrucken aus anderen, von der Zensur bereits glattgebügelten Blättern. Als die von Hardenberg in Aussicht gestellten Beiträge ausblieben, wurde Kuhn unangenehm. Er verweigerte Kleist das vereinbarte Honorar (800 Taler jährlich) und forderte zudem ein »Entschädigungsquantum« von 300 Talern. Daraufhin rückte Kleist dem Staatskanzler auf den Pelz; es sei noch etwas gut-

---

Was ich lange fürchtete [...], ist endlich auch bey uns geschehen, es haben einige an wirksamer Stelle so viel Liebhaberey für ihre Ideen gewonnen, daß sie das Volk einmal auf einige Zeit wieder nach ihrer Art zum Glück zwingen wollen [...]. Die ruhigsten Aufsätze darüber, die H. H. von Kleist, in einem Tagblatte, das hier erscheint und mancherley Gutes enthielt, von verschiednen Verfassern mittheilen wollte, wurden ebenso zurückgewiesen vom Abdruck wie der gutmüthigste Scherz; und das Nationaltheater erfuhr gleichen Schutz. *Achim von Arnim an Goethe, 6. Januar 1811*

zumachen, weshalb er ihm »gehorsamst vorschlage, entweder das Abendblatt, für das laufende Jahr, durch ein Capital so zu fundieren, daß meinem Buchhändler die Kosten gedeckt werden, oder aber [...] die Deckung der [...] in Streit begriffenen 1100 Reichstaler zu übernehmen.« Hardenberg wies ein solches Ansinnen schroff zurück und ließ seinen Staatsrat Friedrich von Raumer, den nachmals berühmten Historiker der Hohenstaufen, von der Kette, der zu Kleists Ansinnen lakonisch meinte: »Warum die Abendblätter zu Grunde gehen, zeigt ihr Inhalt.« Ein Hickhack folgte, das fast mit einem Duell zwischen Kleist und Raumer geendet hätte. Die ›Berliner Abendblätter‹ waren nicht mehr zu retten. Ihre letzte Ausgabe erschien am 30. März 1811, mit einer von »H. v. K.« unterzeichneten »Anzeige« am Schluß: »Gründe, die hier nicht angegeben werden können, bestimmen mich, das Abendblatt mit dieser Nummer zu schließen. Dem Publiko wird eine vergleichende Uebersicht dessen, was diese Erscheinung leistete, mit dem, was sie sich befugt glaubte, zu versprechen sammt einer historischen Construction der etwanigen Differenz, an einem anderen Orte vorgelegt werden.« Dieses Versprechen wurde nicht eingelöst.

Die Folter Erzählung

Kleists erster Prosaband, der zur Leipziger Michaelismesse Ende September 1810 in Reimers »Berliner Realschulbuchhandlung« herauskam, sollte ursprünglich in anderer Aufmachung und mit anderem Titel erscheinen. Einem Brief an seinen Verleger vom Mai zufolge hatte sich der Autor eine großzügige Seitengestaltung – das Produkt wurde ein kleinformatiger Band – und als Titel: ›Moralische Erzählungen von

> Aus wahrer Wohlmeinung gegen Sie, sprach ich aber mit Ihnen und versprach Ihnen Unterstützung, wenn Sie ein zweckmäßiges Blatt schreiben. [...] Sie haben aber keinen Anspruch darauf, weil die Abendblätter auf keine Weise den Zweck erfüllen und durch ihren Unwerth von selbst fallen müssen, denn Auszüge aus längst gelesenen politischen Zeitungen und ein paar Anecdoten, können, wie Sie selbst einsehen, nicht das mindeste Recht auf Unterstützung reclamiren oder die Benennung eines halbofficiellen Blatts verdienen. Ew. Hochwohlgb. haben es sich demnach allein selbst zuzuschreiben, wenn die gute Absicht, die ich für Sie hegte, nicht erfüllt wird [...]. *Karl August von Hardenberg an Kleist, 26. Februar 1811*

Heinrich von Kleist‹ gewünscht. Man weiß nicht, weshalb und durch wen das Adjektiv schließlich geopfert wurde. Vielleicht sollte das Publikum nicht bereits durch das Titelblatt auf eine falsche Fährte gelockt werden, denn dem, was der deutschsprachige Leser unter »moralischen« Erzählungen verstand, entsprachen diese Texte nun wirklich nicht. Sie veranschaulichten keine Verhaltenslehren, handelten nicht von nachahmenswerten Tugenden, sie verherrlichten nicht den Sieg der Moral über die bösen Mächte der Unvernunft, und sie stellten keine Identifikationsmuster bereit, durch die der sittlich geläuterte Leser sich in der Richtigkeit seiner Weltsicht hätte bestätigt fühlen können. Solchen Erwartungen liefen Kleists Texte geradewegs zuwider. Sie bestätigten, beruhigten, beschwichtigten nicht. Ihre Welt war anders, nicht die des schönen Scheins der Literatur, sondern die der Wirklichkeit, und die war grausam, unfriedlich, ohne Trost, ein Schauplatz der Anarchie und des Aufruhrs. Wenn man Kleist eine Wirkungsabsicht unterstellen wollte, so die der Verunsicherung. Seine Erzählungen waren provokante Experimente mit den eingespielten Erwartungen des lesenden Publikums, das – wie auch der Erfolg der Polizeiberichte in den ›Abendblättern‹ zeigen sollte – Neuigkeiten und Sensationen zwar süchtig hinterherjagte, aber, heiter sei die Kunst, bitteschön keine Störung seines distanzierten Vergnügens duldete. Mit dieser Distanz zwischen Geschichte und Leser räumten Kleists Texte

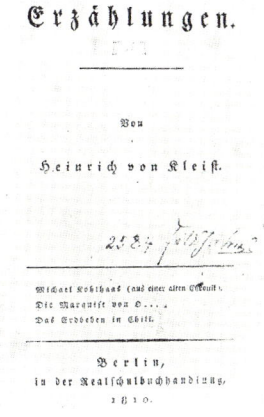

80 Titelblatt der Erstausgabe

Überhaupt werden seine Arbeiten oft über die Maßen geehrt, seine Erzählungen verschlungen, aber dies war ihm nicht genug, ja Pfuel sagt mir, daß sich vom Drama zur Erzählung herablassen zu müssen, ihn gränzenlos gedemüthigt hat.
Clemens Brentano an Achim von Arnim, 10. Dezember 1811

gründlich auf. Sie waren Versuchsanordnungen zur Herstellung von unauflösbaren Irritationen. Es klang wie in eigener Sache, als die ›Abendblätter‹ anläßlich eines neuen Buches von Achim von Arnim kurz vor dem Jahreswechsel 1810/1811 schrieben: »Der Dichter hat mehr auszusprechen, als das besondere uns in engen Schulen anempfundene Gute und Schöne. Alles Vortrefliche führt etwas Befremdendes mit sich.«

Die ›Erzählungen‹ von 1810 enthielten ›Michael Kohlhaas‹ – im Inhaltsverzeichnis mit dem Zusatz »(aus einer alten Chronik)« –, ›Die Marquise von O…‹ und ›Das Erdbeben in Chili‹, allesamt Texte, die in anderer Form bereits veröffentlicht waren. Am frühesten und Kleists erste gedruckte Prosaarbeit überhaupt war das ›Erdbeben‹, dessen Manuskript Rühle von Lilienstern für seinen damals inhaftierten Freund verkauft hatte. Die beiden anderen Erzählungen hatte Kleist erstmals im ›Phöbus‹ vorgelegt, die ›Marquise‹ im »Zweiten Stück«, den ›Kohlhaas‹, mit einem »Die Fortsetzung folgt« darunter, als der Roßhändler zur Tat schreitet (»und brach nach der Tronkenburg auf«), im »Sechsten Stück«. Die ›Marquise‹, die nach einer Äußerung Adam Müllers vom März 1808 »gegen Kleist's Absicht und auf meinen dringenden Wunsch« ins Heft aufgenommen worden war, wurde für die Buchveröffentlichung vergleichsweise wenig geändert. Kleists nachmals berühmteste Erzählung aber, die gegenüber ihrem ersten Erscheinen auf den vierfachen Umfang anwachsen sollte, machte die meiste Arbeit.

Die Geschichte des Michael Kohlhaas, der eingangs als »einer der rechtschaffensten zugleich und entsetzlichsten Menschen seiner Zeit« charakterisiert wird, beruht, entsprechend des Quellenhinweises, in einigen Zügen tatsächlich auf chronikalisch überlieferten Mitteilungen. Ihnen zufolge, wie von einem gewissen Peter Hafftiz (ca. 1530–1601) erstmals aufge-

> […] wenn man sieht, mit welcher Festigkeit die Gestalten gezeichnet, wie richtig und wahr ein Ereigniß und ein Gefühl sich aus dem andern entwickelt, wie sicher der Erzähler Schritt vor Schritt fortgeht, so wird man fast versucht, zu glauben, daß diese Art der Darstellung dem Verfasser noch mehr zusage, und daß er hier sein Talent noch glänzender entfalten könne, als im Drama.
>
> *Ludwig Tieck, 1821*

zeichnet, führte der in Cölln an der Spree ansässige Bürger Hans Kohlhase, ein Kaufmann, dem zwei Pferde widerrechtlich beschlagnahmt worden waren, nach einem erfolglosen Rechtsstreit in den 30er Jahren des 16. Jahrhunderts Fehde gegen einen Junker und gegen das Land Sachsen, in deren Verlauf er zahlreiche Unbeteiligte hinmetzelte und mit seiner Rotte Wittenberg in Brand steckte; im Frühjahr 1540 wurde der historische Kohlhase nach Berlin gelockt und dort hingerichtet; seine Frau, anders als in Kleists Erzählung, wo das historische Material stark umgeformt ist, hat ihn um Jahre überlebt. Etliche Elemente der Fabel sind Kleists eigene Erfindung, etwa die Konfrontation der Kurfürsten von Sachsen und Brandenburg, die für zwei gegensätzliche Prinzipien von Herrschaft stehen, oder das mit allen Insignien der Romantischen versehene Auftreten der alten Zigeunerin. Gerade sie hat die Flut der Deutungen, die sich dieser Erzählung gewidmet und Aspekte wie die Psychologie des Querulantentums oder das Thema Recht und Gerech-

81 Filmplakat zu Volker Schlöndorffs ›Michael Kohlhaas. Der Rebell‹ aus dem Jahr 1969

> Kleists Erzählersprache ist etwas absolut Singuläres. Es genügt nicht, sie ›historisch‹ zu lesen – auch in seiner Zeit hat kein Mensch so geschrieben wie er. [...] Ein Impetus, in eiserne, völlig unlyrische Sachlichkeit gezwungen, treibt verwickelte, verknotete, überlastete Sätze hervor, in denen immer wieder mit verschachtelten ›dergestalt, daß‹-Konstruktionen gewirtschaftet wird und die geduldig geschmiedet zugleich und von atemlosem Tempo gejagt wirken. Er bringt es fertig, eine indirekte Rede von fünfundzwanzig Druckzeilen ohne Punkt-Pause hinzulegen, worin nicht weniger als dreizehn ›daß‹ hintereinander herhetzen, mit einem ›kurz, daß‹ am Ende, welches aber das Ende nicht ist, denn es folgt noch ein ›und daß‹.
> *Thomas Mann*, 1954

> Gestern abend habe ich Dir nicht geschrieben, weil es über ›Michael Kohlhaas‹ zu spät geworden ist (kennst Du ihn? Wenn nicht, dann lies ihn nicht! Ich werde Dir ihn vorlesen!), den ich bis auf einen kleinen Teil, den ich schon vorgestern gelesen hatte, in einem Zug gelesen habe. Wohl schon zum zehnten Male. Das ist eine Geschichte, die ich mit wirklicher Gottesfurcht lese, ein Staunen faßt mich über das andere, wäre nicht der schwächere, teilweise grob hinuntergeschriebene Schluß, es wäre etwas Vollkommenes, jenes Vollkommene, von dem ich gern behaupte, daß es nicht existiert. (Ich meine nämlich, selbst jedes höchste Literaturwerk hat ein Schwänzchen der Menschlichkeit, welches, wenn man will und ein Auge dafür hat, leicht zu zappeln anfängt und die Erhabenheit und Gottähnlichkeit des Ganzen stört.) *Franz Kafka an Felice Bauer*, 1913

tigkeit in den Vordergrund gestellt haben, noch zusätzlich anschwellen lassen.

In der ›Marquise von O…‹ – laut Erstdruck »nach einer wahren Begebenheit, deren Schauplatz vom Norden nach dem Süden verlegt worden« – hat Kleist an zentraler Stelle ein Leserrätsel plaziert. Die Erzählung ist alles andere als eindeutig, vielmehr eine Kette von Fragen ohne Antworten. Als der »russische Officier« die bedrängte Marquise von den marodierenden Soldaten befreit, heißt es: »Er […] führte sie, die von allen solchen Auftritten sprachlos war, in den anderen, von der Flamme noch nicht ergriffenen, Flügel des Pallastes, wo sie auch völlig bewußtlos niedersank. Hier – traf er, da bald darauf ihre erschrockenen Frauen erschienen, Anstalten, einen Arzt zu rufen […].«; an dieser Stelle hatte Kleist den »gewaltigsten Gedankenstrich der deutschen Literaturgeschichte« (Gottfried Benn) gesetzt, so vielsagend-verschlossen wie Alkmenes »Ach!«.

Aus der einzigen ausführlichen Besprechung, die Kleists erster ›Erzählungen‹-Band fand – wahrscheinlich stammte sie von Wilhelm Grimm –, erfuhr man über

82 Szenenbild mit Edith Clever (Mitte) aus Eric Rohmers Verfilmung der ›Marquise von O…‹, 1975.

> Dieser Roman ist nicht für dich, meine Tochter. In Ohnmacht! Schaamlose Posse! Sie hielt, weiß ich, die Augen blos zu.
> *Kleists Epigramm ›Die Marquise von O…‹ , ›Phöbus‹, 4./5. Stück*

›Das Erdbeben in Chili‹ lediglich, es sei dies »ein kraftvolles Gemälde von den Wechseln des Glücks, in den erschütterndsten und rührendsten Situationen«. Schauplatz der tragischen Liebesgeschichte von Jeronimo Rugera – einem Anagramm von »Guerra«, Krieg – und Josephe Asteron ist »St. Jago […] in dem Augenblicke der großen Erderschütterung vom Jahre 1647, bei welcher viele tausend Menschen ihren Untergang fanden.« Durch die Naturkatastrophe scheint die alte, für die Liebenden mörderische Ordnung zerstört; der Mittelteil der Geschichte entwirft eine idyllische Szenerie von wiedergewonnener Freiheit und Unschuld, Anklänge an die Liebe von Ottokar und Agnes in der ›Familie Schroffenstein‹. Im Fortgang erweist sich dieses »Zurück zur Natur« jedoch rasch als Utopie. Kleists pessimistische Diagnose der Französischen Revolution?

Die ›Erzählungen‹ von 1810 hatten sich offenbar nicht schlecht verkauft. Reimer wollte einen Fortsetzungsband und bot Kleist diesmal das Doppelte, nämlich 100 Taler Honorar, vorausgesetzt, der Band würde zur Michaelismesse fertig. Kleist, der zur Zeit dieses Angebots, Mitte Februar 1811, mit August Kuhns Regreßforderungen konfrontiert war, nahm das Angebot an, erhielt zwischen März und Juli ratenweise sein Geld, das Buch kam noch vor dem angepeilten Termin heraus. Wieder gab es nur eine einzige ausführliche Besprechung, wieder wahrscheinlich von Wilhelm

---

Der Band ›Erzählungen. Von Heinrich von Kleist. Zweiter Theil‹ umfaßte fünf Texte, davon zwei in Erstveröffentlichung (›Der Findling‹; ›Der Zweikampf‹), zwei weitere, die zuerst in den ›Berliner Abendblättern‹ publiziert worden waren (›Das Bettelweib von Locarno‹; ›Die heilige Cäcilie oder die Gewalt der Musik. (Eine Legende.)‹, im Blatt mit der Widmung »Zum Taufangebinde für Cäcilie M…«, d.h. anläßlich der Taufe von Sophie und Adam Müllers Tochter Cäcilie am 16. November), sowie die revidierte Neuauflage einer in Kuhns Berliner Journal ›Der Freimüthige‹ zwischen März und April 1811 in Fortsetzungen erschienenen Novelle (›Die Verlobung in St. Domingo‹) – übrigens die einzige Erzählung, die zu Kleists Lebzeiten nachgedruckt wurde (von der Wiener Zeitung ›Der Sammler‹ im Juli 1811).

Grimm, und wieder war sie in der Hauptsache rühmend. Allerdings hatte der Rezensent auch ein Warnsignal aufgestellt: »Überhaupt ist es etwas auffallend, daß die sämmtlichen Erzählungen ins Gräßliche gehen, und ein überwiegender Hang zum Düstern und Schauderhaften ist an der Wahl des Stoffs wie an der Behandlung nicht zu verkennen.«

Mit der ›Verlobung in St. Domingo‹, die den »Zweiten Theil« eröffnete, hatte Kleist mehrere Verbindungsfäden zum ›Erdbeben‹ am Ende des ersten Bandes geknüpft. Abermals eine Geschichte aus der Neuen Welt, nun aber, gleichsam nach außen gestülpt, ausdrücklich im Kontext der Französischen Revolution. Auch das Thema der Liebe kehrt wieder, die von der Realität vernichtet wird und allein als uneinlösbare Utopie überlebt. In wohl keinem anderen Werk, ausgenommen ›Die Familie Schroffenstein‹, hat Kleist das mörderische Wechselspiel von Vertrauen und Mißtrauen so ausführlich durchbuchstabiert.

Gerade einmal sieben Buchseiten benötigte der Setzer für ›Das Bettelweib von Locarno‹, einen Text, den man bis in neuere Zeit, mitunter leicht abschätzig, als Spukgeschichte betrachtet hat. Das völlige Fehlen »jener erkünstelten Zusammenhäufung gespenstischer Apparate«, welche in der Trivialliteratur gemeinhin zur Gänsehautproduktion eingesetzt werden, war zwar schon der zeitgenössischen Kritik aufgefallen. Nicht zutrauen wollte man dem Text jedoch, daß er, eine Etüde für Kleists erzählerisches Raffinement, auf die Verstörung des Lesers kalkuliert ist. Dabei wimmelt er nur so von unterschwelligen Widersprüchen und augenscheinlichen Ungereimtheiten. Etwa wenn der mit einer »Marquise« verheiratete »Marchese« »bei der Rückkehr von der Jagd, zufällig [!] in das Zimmer trat, wo er seine Büchse abzusetzen pflegte [!]«, wenn der Hausherr einen Gast in einem »leerste-

> Zu Port au Prince, auf dem französischen Antheil der Insel St. Domingo, lebte, zu Anfange dieses Jahrhunderts, als die Schwarzen die Weißen ermordeten, auf der Pflanzung des Hrn. Guillaume von Villeneuve, ein fürchterlicher alter Neger, Namens Congo Hoango. Dieser von der Goldküste von Afrika herstammende Mensch, der in seiner Jugend von treuer und rechtschaffener Gemüthsart schien, war von seinem Herrn, weil er ihm einst auf einer Überfahrt nach Cuba das Leben gerettet hatte, mit unendlichen Wolthaten überhäuft worden.   *›Die Verlobung in St. Domingo‹*

henden [!] Zimmer, das sehr schön und prächtig eingerichtet [!] war«, unterbringt, oder wenn gesagt wird: »mit dem ersten [!] Schritt: tapp! tapp! [!] erwacht der Hund.«

Das ›Erdbeben‹ endet mit der Adoption eines elternlosen Kindes, die Erzählung ›Der Findling‹ beginnt damit. Antonio Piachi, »wohlhabender Güterhändler in Rom«, handelt aus »Mitleid«. In dieser guten Tat steckt der Keim der Katastrophe. Die Geschichte, für die man Vorbilder in der Schauerliteratur entdeckt hat, endet in desillusionierender Eiseskälte. ›Der Findling‹ wäre eine »moralische« Erzählung mit negativem Vorzeichen – widerspräche dem nicht die verstörend unzuverlässige, da ihre Perspektiven fast unmerklich wechselnde Erzählweise, denn sie verhindert, daß man dieser Geschichte irgendeine unbezweifelbare »Lehre« entnehmen kann.

›Die heilige Cäcilie oder die Gewalt der Musik‹ spielt, so die Eröffnung, »um das Ende des sechszehnten Jahrhunderts, als die Bilderstürmerei in den Niederlanden wüthete.« »Vier Brüder, von Schwärmerei, Jugend und dem Beispiel der Niederländer erhitzt, beschlossen, auch der Stadt Aachen das Schauspiel [!] einer Bilderstürmerei [!] zu geben.« Wie dieser scheiternde Plan oder die Erwartung, die von der im Titel mitgeführten Gattungsbezeichnung ›Eine Legende‹ geweckt wird, so ist auch die Geschichte als solche vielfach ironisch gebrochen. Am Ende gar eine diabolische Legende? Jedenfalls das entschiedene Kontrastprogramm zum romantischen Katholizismus, der zu Beginn des 19. Jahrhunderts in der Literatur wie der Malerei Hochkonjunktur hatte.

Zeitlich am weitesten von Kleists Gegenwart entfernt angesiedelt, nämlich im Spätmittelalter, ist ›Der Zweikampf‹, das Schlußstück des zweiten ›Erzählungen‹-Bandes. Der Struktur nach ist die Erzählung eine Kriminalgeschichte, mit einem Mord am Anfang, wahren und falschen Alibis, zu Recht und

»Willst du der Wohlthat der Erlösung theilhaftig werden?« fragten ihn beide. »Willst du das Abendmahl empfangen?« – Nein, antwortete Piachi. – »Warum nicht?« – Ich will nicht selig sein. Ich will in den untersten Grund der Hölle hinabfahren. Ich will den Nicolo, der nicht im Himmel sein wird, wiederfinden, und meine Rache, die ich hier nur unvollständig befriedigen konnte, wieder aufnehmen!

›Der Findling‹

zu Unrecht Verdächtigten, einem Unschuldigen, der – als sei's ein Stück von Hitchcock – allem Augenschein nach schuldig ist, und dem tatsächlichen Mörder, der erst auf dem Sterbebett (»weil mich doch der Arm der weltlichen Gerechtigkeit nicht mehr ereilen wird«) sein Verbrechen gesteht. Am Ende der Geschichte ist die Skepsis gegenüber den Möglichkeiten der Wahrheitsfindung radikalisiert.

»Für die Menge«, so der anonyme Rezensent des ersten ›Erzählungen‹-Bandes, »sind sie freilich nicht geschrieben, die sich nichts lieber wünscht, als empfindungsselige Liebesgeschichten oder triviale Szenen aus dem häuslichen Leben, mit breiten Reflexionen und moralischen Nutzanwendungen ausstaffirt, oder tolle Abenteuerlichkeiten, von einer fieberkranken Phantasie ausgeboren. Hier ist alles außerordentlich, in Sinnes- und Handlungsart wie in den Begebenheiten.« Hinzufügen hätte er können, daß Kleists Erzählungen einem ins Ästhetische gewendeten Sadismus entspringen. Achim von Arnim schon im Frühjahr 1810: »Kleist [...] hätte eigentlich eine ungemeine Anlage, so ein zweiter Dante zu werden, so eine Lust hat er an aller Quälerei seiner poetischen Personen.« Und um nichts weniger an der Quälerei der von ihm gefesselten Leser; mit einer Formulierung Thomas Manns: »Er weiß auf die Folter zu spannen – und es fertigzubringen, daß wir's ihm danken.«

»In Staub mit allen Feinden Brandenburgs«

Wäre ohne den Tod der Königin, die er mit seinem Gedicht einst zu Tränen gerührt hatte, alles anders gekommen? Mit ihrer Patronage hatte Kleist fest gerechnet, als er, das angefangene Schauspiel ›Prinz Friedrich von Homburg‹ im

> Kleist predigt den Aufruhr, schon durch die aufrührerische Art seiner Kunst. Zugleich verspüren wir Kleist als den Dichter, der selber als Heftigster zwischen seinen Gestalten herumrast. [...] Der Schall seiner anarchischen Musik wird vom Getöse dieses Jahrhunderts verstanden.
> *Alfred Wolfenstein, 1927*

Gepäck, sich in Berlin niederließ. Nun war sie tot, außerdem die geplante Privataufführung des Stücks geplatzt, bei Hofe, wo er damit zu reüssieren gehofft hatte, krähte kein Hahn nach ihm, oder so lange wenigstens nicht, wie die ›Berliner Abendblätter‹ keine aneckenden Artikel brachten. Vom König durfte und wollte er nichts erwarten. Beide mochten sich nicht und hielten voneinander nicht sonderlich viel. Friedrich Wilhelm III. hatte spätestens seit der merkwürdigen »Einschiffungsgeschichte« einigen Grund für seine Antipathie, während Kleist ihm ankreidete, daß er vor dem französischen Kaiser gekuscht habe und durch feiges, unentschlossenes Zögern die antinapoleonischen Kräfte in seinem Staat lahmlege. Nach dem Untergang seiner Zeitung wählte Kleist einen Weg am König vorbei, um mit dem Stück am Hof für sich zu werben. Der Bruder des Königs, Prinz Wilhelm, war mit einer direkten Nachfahrin des Kleistschen Helden, Amalie Maria Anna (Marianne) von Hessen-Homburg, verheiratet. Ihm schrieb Kleist im Mai 1811 einen ausführlichen Brief. Er schilderte detailliert die »Zugrundrichtung« seines Blattes, Hardenbergs angeblichen Wortbruch und die Auseinandersetzung mit Raumer und bat »Ew. Königliche Hoheit, den Staatskanzler zu bewegen, mir, seiner Verpflichtung gemäß, eine, meinen Verhältnissen, und auch mit meinen anderweitigen litterarischen Zwecken vereinbare, Anstellung im Königl. Civildienst anzuweisen, oder aber, falls sich ein solcher Posten nicht sobald ausmitteln lassen sollte, mir wenigstens ein *Wartegeld* auszusetzen« als »Entschädigung«. Kleist schloß mit der Versicherung, sich »dieser höchsten Gnade würdig zu machen, welches vielleicht gar bald, nach Wiederherstellung meiner äußeren Lage, durch Lieferung eines tüchtigen Werks, geschehen kann.« Genau einen Monat später, die »äußere Lage« hatte sich nicht geändert, fragte Kleist bei seinem Verleger an:

Dem Landgrafen von Homburg verzieh er [der brandenburgische Kurfürst Friedrich Wilhelm], daß er so leichtherzig das Schicksal des ganzen Staates aufs Spiel gesetzt hatte. Er sprach zu ihm: »Wenn ich Euch nach der Strenge der Kriegsgesetze richtete, hättet ihr das Leben verwirkt. Aber verhüte Gott, daß ich den Glanz eines solchen Glückstages beflecke, indem ich das Blut eines Fürsten vergieße, der ein Hauptwerkzeug meines Sieges war!

Friedrich II. über die Schlacht bei Fehrbellin (1751)

83 Szenenbild aus dem ›Prinz von Homburg‹ mit Bruno Ganz (rechts) und Werner Rehm (links)

»Wollen Sie ein Drama von mir drucken, ein *vaterländisches* (mit mancherlei Beziehungen) Namens *der Prinz von Homburg*, das ich jetzt eben anfange, abzuschreiben?« Reimer wollte nicht. Anfang September wurde Marie von Kleist aktiv. Sie übersandte dem Prinzen Wilhelm, um ihm eine Pension für Kleist abzuschmeicheln, eine Reinschrift des Stücks, das ihr Vetter inzwischen Prinzessin Marianne gewidmet hatte. Das Stück mißfiel jedoch und aus der Pension wurde nichts.

Die Schlacht bei Fehrbellin im Jahre 1675, das historische Tableau von Kleists ›Prinz Friedrich von Homburg‹, zählt zu den Gründungsmythen der brandenburgisch-preußischen Monarchie und ihrer Armee. Mit dem Triumph über die bis dato als unbesiegbar geltenden schwedischen Truppen war Friedrich Wilhelm zum »Großen Kurfürsten« avanciert. »Selbst seine Feinde«, so der Urenkel Friedrich II., »rühmten Friedrich Wilhelm, seine Untertanen segneten ihn. Und seine Nachkommen datieren von diesem ruhmreichen Tage den hohen Aufschwung, den das Haus Brandenburg in der Folge genommen hat.« Etliche Anekdoten über die Schlacht waren populär, zu Kleists Zeit und auch noch lange danach, und dies, obwohl ihr Wahrheitsgehalt keineswegs unumstritten war. Aus einer von ihnen, die von siegbringendem Ungehorsam und großmütiger kurfürstlicher

> Prinz Friedrich von Homburg [...] war vor allem nicht der, als der er uns in dem H. von Kleistschen Schauspiel entgegentritt. Der H. von Kleistsche und der historische Prinz von Homburg verhalten sich zueinander wie der Goethesche und der historische Egmont. Sie waren in der Zeit, wo sie hervortraten, keine Liebhaber und keine Leichtfüße mehr, vielmehr ernste Leute von mittleren Jahren und reichem Kindersegen, über-

Der Traum des armen Heinrich von Kleist vom glücklichen Prinzen Homburg, der, zart und mächtig, unter Gefahr des Todes, seine großen Sehnsüchte und Wunschbilder gegen die herrschenden engen Lebensbedingungen durchsetzt und schließlich, wie im Wunder, ihre paradiesische Erfüllung erlebt. Und gleichzeitig verwandelt sich die kalte, schwache, weil nurmehr formal funktionierende Staatsordnung in eine lebenskräftige, menschenwürdige politische Gemeinschaft, in der der Außenseiter, Verurteilte, gesellschaftlich ›Kranke‹ zum ersten Helden aufsteigt.
Botho Strauß, 1972

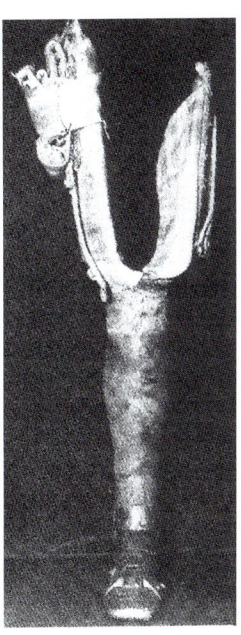

Gnade handelt, entwickelte Kleist sein Stück.

Daß Kleists vaterländisches Schauspiel »mancherlei Beziehungen« zur Gegenwart besaß, nahm man am Hof ungnädig zur Kenntnis. Die Fanfarenklänge des Schlusses »In Staub mit allen Feinden Brandenburgs!« waren allein schon deutlich genug. Auch bemerkte man wohl, daß Kleist seinen Helden mit Zügen des draufgängerischen Prinzen Louis Ferdinand von Preußen ausgestattet hatte, der 1806 bei Jena und Auerstedt gefallen war; bei den Gegnern der Appeasementpolitik des preußischen Königs galt er als Symbolfigur. Und vielleicht erkannte man in dem Umstand, daß Kleists Homburg, anders als der historische, mit zweitem Vornamen »Arthur« hieß, eine versteckte Reverenz an den englischen General Wellington, der in Portugal, worüber die ›Berliner Abendblätter‹

84 Eine der Prothesen, die für den Prinzen von Homburg angefertigt wurden

haupt ebenso gute Ehemänner wie Patrioten. Unser Prinz Friedrich ward am 30. Mai 1633 geboren [† 1708]. Er war der zweite Sohn des Landgrafen Friedrich von Hessen, des Stifters der homburgischen Linie. Er trat jung in schwedischen Dienst, war 1658 mit vor Kopenhagen und verlor bei dieser Belagerung ein Bein. Dasselbe wurde künstlich ersetzt, weshalb er seitdem der ›Prinz mit dem silbernen Bein‹ hieß.
Theodor Fontane, ›Wanderungen durch die Mark Brandenburg‹

besonders in ihrem zweiten Quartal ebenso ausführlich wie vorsichtig berichteten, den napoleonischen Truppen erfolgreich Paroli bot. ›Prinz Friedrich von Homburg‹ war (und ist) alles andere als ein Hymnus auf Preußens Gloria. In Berlin ist das Stück erst 1828, »nach langem Kampfe gegen militärische Censur«, wie man heute weiß, »und nur in einer Verstümmelung der poetischen Motive«, auf die Bühne gekommen; der Hof war seinerzeit nicht in der Stadt Berlin. Am 1. August ging der Theaterdirektion ein offizielles Schreiben zu: »Des Königs Majestät haben befohlen, daß das gestern aufgeführte Stück: Prinz Friedrich von Homburg niemals wieder gegeben werden soll.«

Zwei Tote am Kleinen Wannsee

Mit dem Ende der ›Berliner Abendblätter‹ war Kleist ruiniert. Hitzig wollte gegen ihn prozessieren; Kuhn machte Regreßansprüche geltend, die durch den Vorabdruck der ›Verlobung in St. Domingo‹ nicht zu befriedigen waren; Hardenberg verriet keine Anstalten, Schadensersatz zu leisten oder Kleist wenigstens, worum ihn dieser in seiner Not ersucht hatte, zu einem Redakteursposten beim ›Kurmärkischen Amtsblatt‹ zu verhelfen. Der Bittbrief an Prinz Wilhelm vom Mai blieb ohne Erfolg. Auf ein an den König gerichtetes Schreiben ähnlichen Inhalts und mit derselben Bitte (»Anstellung im Civildienst« oder »ein Wartegeld«), zu dem sich Kleist im Juni durchgerungen hatte, erhielt er keine Antwort. Zu der katastrophalen finanziellen Situation und ihren Demütigungen kam eine zunehmende Vereinsamung. Adam Müller war nach Wien übergesiedelt, Achim von Arnim und die ihm frisch vermählte Bettina Brentano genossen, »ganz wie lebendig [...] begraben«, traute Zweisamkeit, Marie von Kleist hat-

[...] So sehen wir ihn denn, der da gemeutert
Mit Todesfurcht gereinigt und geläutert
Mit Todesschweiß kalt unterm Siegeslaub.

Sein Degen ist noch neben ihm: in Stücken.
Tot ist er nicht, doch liegt er auf dem Rücken
Mit allen Feinden Brandenburgs in Staub.
      Bertolt Brecht, Über Kleists Stück ›Der Prinz von Homburg‹, 1939

te sich auf ihr Gut zurückgezogen, Fouqué lebte ohnedies auf dem Land, auch Beckedorff und Brentano gingen fort.

Zur Entlastung von »dem Drang der gegenwärtigen Verhältniße, in denen ich lebe«, flüchtete sich Kleist in allerlei Zukunftspläne. »Sobald ich mit dieser Angelegenheit fertig bin«, vertraute er Marie von Kleist an, »will ich wieder etwas recht Phantastisches vornehmen.« Ein andermal spielte er mit dem Gedanken, »die Kunst vielleicht auf ein Jahr oder länger ganz ruhen [zu] laßen« und sich »mit nichts als der Musik [zu] beschäftigen«: »Denn ich betrachte dise Kunst als die Wurzel, oder vielmehr um mich schulgerecht auszudrükken, als die algebraische Formel aller übrigen.« Die Literatur gab er derweil anscheinend nicht auf. Ende Juli überraschte er Reimer mit der Mitteilung, »daß ich mit einem *Roman* ziemlich weit vorgerückt bin, der wohl 2 Bände betragen dürfte«, und wünschte zu wissen, »ob Sie imstande sind, falls er Ihnen gefiele, mir bessere Bedingungen zu machen, als bei den Erzählungen.« Der Roman gedieh aber offenbar nur zu einem Phantom.

In der ersten Septemberhälfte schienen sich Kleists Aussichten etwas zu bessern, wenigstens dachte er so. Durch eine konzertierte Aktion – Kleist ersuchte den König um Wiedereinstellung in die Armee, Marie von Kleist unterstützte ihn mit einem flehentlichen Brief – ließ sich Friedrich Wilhelm III. die Zusage entlocken, er werde im Falle eines Krieges zugunsten des Antragstellers »in der gewünschten Art eingedenk sein«. Kleist hatte mit einem baldigen Kriegsausbruch gerechnet – wollte er, wie schon 1803 in Nordfrankreich, »den schönen Tod der Schlachten sterben«? Bei Hardenberg erbat er sich Geld zur »Anschaffung einer Equipage«; der Staatskanzler versah den Brief zunächst mit dem Vermerk: »H. v. Kleist bit-

---

1) Der Krieg zwischen Napoleon und Fr. Wilhelm bricht binnen hier und vier Wochen aus:
2) Die Franzosen fangen den Krieg nicht an; sie setzen den König so, daß er den Frieden brechen muß; und dann erdrücken sie ihn.
3) Das Corps des Königs wird versuchen bei Frankfurt über die Oder zu gehen, es aber nicht bewerkstelligen und sich nach Spandow werfen.
4) Der König, für seine Person, geht nach Collberg.
5) Für den (nicht erwarteten) Fall, daß der König mit dem Corps über die Oder käme, ist am 14^t Oct. eine Schlacht, in welcher er erdrückt wird.

›*Friedensdorfer Aufzeichnungen*‹, 18. September 1811

tet um ein Privatdarlehn von 20 St. Fr.dor«, und setzte später hinzu: »Zu den Acten, da der p vKleist d. 21.11.11 nicht mehr lebt.« Die benötigten Mittel für die Offiziersausrüstung wurden ihm schließlich von Ulrike vorgestreckt, mit der ausdrücklichen Bedingung, das Geld nicht anderweitig auszugeben. Kleist griff nicht darauf zurück; alsbald mußte er erkennen, daß Preußen von einem Krieg gegen Frankreich noch weit entfernt war (»Unsre Verhältnisse sind hier [...] friedlicher als jemals; man erwartet den Kaiser Napoleon zu Besuch«). Er fuhr nochmals nach Frankfurt, es kam zur letzten Begegnung der Geschwister, vermutlich ging es wieder um Geld. Die Szene, »an der Mittagstafel« der Familie, uferte in eine erbarmungslose Generalabrechnung aus, man brach über Kleist den Stab. Tief verletzt schilderte er den mittäglichen Showdown seiner Kusine Marie. An seinem 100. Todestag ließ die Familie von Kleist am Grab einen Kranz niederlegen mit der Inschrift: »Dem Größten ihres Geschlechtes.«

Kleists Entschluß, sich das Leben zu nehmen, stand spätestens Anfang November fest. Und entschieden war auch, daß er nicht allein in den Tod gehen würde. Der erste Abschiedsbrief, den er schrieb – er sandte ihn wahrscheinlich nicht ab –, datierte vom 9. November und war an Marie von Kleist adressiert. Nur noch ihr, die er nach anderthalb Jahrzehnten Förmlichkeit nun mit vertraulichem ›Du‹ anredete, wagte er sich zu erklären: »Du bist die Allereinzige auf Erden, die ich jenseits wieder zu sehen wünsche.« Nur noch vor ihr glaubte er sich rechtfertigen zu müssen: »Ich habe dich während deiner Anwesenheit in Berlin gegen eine andere Freundin vertauscht; aber wen dich das trösten kan, nicht gegen eine, die mit mir leben, sondern, die im Gefühl, daß ich ihr eben so wenig treu sein würde, wie dir, mit mir sterben will.« Die Identität dieser Freundin verschwieg er. Es war die 31jährige

---

Dem H. v. Kleist der sich als Schriftsteller bekannt gemacht, und jetzt wieder bey etwa (was Gott verhüten wolle) eintretendem Kriege den vaterländischen Kampf zu wagen entschlossen ist habe ich auf diesen Fall Hoffnung dazu gemacht, ich muß jedoch hinzufügen daß dieser Fall noch keinesweges so nahe zu seyn scheint als mehrere, und auch Sie, es zu glauben scheinen, und muß ich Sie daher bitten sich über die noch bis jetzt unzeitigen Besorgnisse zu beruhigen.«
Friedrich Wilhelm III. an Marie von Kleist, 18. September 1811

Henriette Sophie Adolphine Vogel geb. Keber; sie wird in keinem der überlieferten Briefe Kleists namentlich genannt. Kleist hatte Henriette Vogel, die seit 1799 mit einem biederen Feuerversicherungsbeamten verheiratet war und eine neunjährige Tochter, Pauline, hinterlassen sollte, im Frühjahr 1810 durch Adam Müller kennengelernt. Mit letzterem und mit dem Prediger Franz Theremin, der im November 1810 Cäcilie Müller taufte – unter den Paten waren Kleist und das Ehepaar Vogel –, habe sie, wie man sich erzählte, Liebesaffären gehabt. Ihr Ehemann Ludwig, genannt Louis, hatte sich schon seit längerem gefühlsmäßig von ihr abgewandt; bereits im Mai 1812 wird er ein zweites Mal heiraten. Henriette Vogel war unheilbar krank, sie litt an Gebärmutterkrebs, und außerdem war sie eine Frau mit einem ausgeprägten Hang zu überbordender Schwärmerei, welche ihren prosaisch veranlagten Mann überfordert haben dürfte. Die Aussichtslosigkeit ihrer Lage, sentimentalisch gestimmte Todessehnsucht und das Gefühl, unverstanden zu sein – Kleist, als er nicht mehr weiter wußte und nicht mehr weiter konnte, dürfte sich darin wiedererkannt haben. »Ja, die Welt ist eine wunderliche Einrichtung!«, heißt es im Abschiedsbrief an Sophie Müller kurz vor der letzten Abfahrt aus Berlin, »es hat seine Richtigkeit, daß wir uns, Jettchen und ich, wie zwei trübsinnige trübseelige Menschen, die sich

85 Henriette Vogel (1780–1811)

Der Gedancke, das Verdienst, das ich doch zulezt, es sey nun groß oder klein, habe, gar nicht anerkant zu sehn, und mich von ihnen als ein ganz nichtnütziges Glied der menschlichen Gesellschafft, das keiner Theilnahme mehr werth sey betrachtet zu sehn, ist mir überaus schmertzhaft, wahrhaftig es raubt mir nicht nur die Freuden die ich von der Zukunft hoffte, sondern es vergiftet mir auch die Vergangenheit.
An Marie von Kleist, 10. November 1811

immer ihrer Kälte wegen angeklagt haben, von ganzem Herzen lieb gewonnen haben: und der beste Beweis davon ist wohl, daß wir jezt mit einander sterben.«

Am Donnerstag, dem 20. November, wurden einige Abschiedsbriefe in der Vogelschen Wohnung hinterlegt (»In dieser Stunde, da unsre Seelen sich, wie zwei fröhlige Luftschiffer, über die Welt erheben«), dann fuhren Kleist und Henriette Vogel in einer Lohnkutsche zum »Neuen Krug« des Gastwirts Johann Friedrich Stimming unweit von Potsdam und nahe am Kleinen Wannsee, wo sie nachmittags zwischen zwei und drei Uhr eintrafen. Man kannte sie nicht, Namen brauchten sie keine anzugeben. Sie tranken Kaffee, machten einen Spaziergang, nach dem Abendessen zogen sie sich auf ihre Zimmer zurück und schrieben dort die Nacht hindurch Briefe. Über die Vorkommnisse des folgenden Tages, eines kalten Wintertages, sind wir dank der amtlichen Vernehmungsprotokolle und Obduktionsberichte detailliert unterrichtet – es ist dies eine der Ironien von Kleists Lebensgeschichte, die mit einem unsicheren Geburtsdatum beginnt und in nicht wenigen Etappen nur schemenhaft sichtbar ist. Um die Mittagszeit schickten sie einen Boten los nach Berlin, der dem Kriegsrat Peguilhen, einem alten Freund des Hauses Vogel, einen Brief mit der Todesnachricht und letzten Verfügungen zu überbringen hatte (»Kommen Sie recht bald zu Stimmings hinaus, mein liebster Pequillhin, damit Sie uns bestatten können.«). Sie seien in aufgeräumter Stimmung gewesen, berichtete nachher die Frau des Gastwirts, und »scherzten im Hofe auf mancherley Art, so z.B. sprang die Mannsperson über die Bretter in der Kegelbahn, und forderte die Dame zu ähnlichen Springen auf«. Am Nachmittag gegen drei Uhr spazierten Kleist und Henriette Vogel auf einen

> Seit ungefähr 2 Jahren wurde der ehemalige *Lieutenant* im Regt. Kgl. Leibgarde Herr *von Kleist* durch den Hofrath *Adam Müller*, mit welchem er in der Folge die Abend-Blätter gemeinschaftlich herausgegeben, im Hause des Herrn *Vogel* eingeführt, und da d. H. v. *Kleist* ähnlich schwärmerisch religiöse Gesinnungen hegte, wie *Mad. Vogel*, so sympathisirten beide bald, und wurden Freunde. Seit jener Zeit ist H. *v. Kleist* beständig in das *Vogelsche* Haus eingegangen, und ich selbst bin Zeuge gewesen, daß er und *Mad. Vogel* ganze Abend am Fortepiano gesessen, und geistl. Choräle gespielt, und zusammen gesungen haben.
> *Amtliche Aussage des Kriegsrats Peguilhen, 22. November 1811*

86 Kleists Abschiedsbrief an Ulrike von Kleist (»am Morgen meines Todes«): »[...] die Wahrheit ist, daß mir auf Erden nicht zu helfen war.«

kleinen Hügel am See und bestellten einen Tisch mit Stühlen und Kaffee dorthin. Eine Stunde später erschoß Kleist zunächst Henriette Vogel und dann sich selbst. Die Frau des Tagelöhners Riebisch war dabei, als man die Toten fand; sie gab zu Protokoll: »ging [...] nach dem Ort hin, wo sich die Fremden befunden hatten, und sahe ich solche in einer kleinen Grube gegeneinander über sitzend, die Dame aber rückwärts über gefal-

So eben zeigt mir der Gastwirth *Stimming* auf der Berliner *Chaussée* an, daß sich jenseits Wilhelmsbrück (von hier aus gerechnet) eine fremde Mannsperson und eine Dame erschossen hätten. Da das bezeichnete *Territorium* unterm *Dominio von Heinersdorff*, worüber Ew. Wohlgebor. Justitiarius sind, belegen ist, so eile ich, diesen Vorfall zur weitern Verfügung ergebenst zu Ihrer Kenntniß zu bringen.
Potsdam, den 21ten *November* 1811. Königl. Preuß. *Policey* Rath. Meyer
Amtliche Meldung an Richter Johann Christian Felgentreu

len, und *mit über den Leib gefalteten Händen*. Die Mannsperson saß in einer fast knienden Stellung vor ihr, und hatte den Kopf zur lincken Seite auf eine Pistole gestüzt, deren Mündung gegen den Mund stand, und welche er in den Händen hielt. [...]; neben ihnen lag ein Pistol, und auf dem Tische noch ein dergl.« Man ließ die beiden Leichname zunächst an der Todesstelle.

Am nächsten Morgen wurden sie von Ludwig Vogel und Peguilhen, die tags zuvor erst nach Einbruch der Dunkelheit in Stimmings »Neuem Krug« angekommen waren, identifiziert. Peguilhen tat, worum ihn Henriette Vogel und Kleist in ihrem letzten (gemeinsamen) Brief gebeten hatten. Eine Woche später fand am Grab eine kirchliche Zeremonie statt; die hierfür erhobenen Gebühren beliefen sich auf 8 Taler 3 Groschen. Mit einem »O tempora! o mores!!« schließt die Eintragung im Stahnsdorf-Machnower Kirchenbuch.

Die Nachricht von dem ›Doppelselbstmord‹ machte schnell die Runde. Am 26. November hatte die ›Vossische Zeitung‹ die Todesmeldung gebracht. Vom selben Tag datierte eine Todesanzeige für Henriette Vogel, die ihr Ehemann hatte einrücken lassen; Kleist wurde nicht erwähnt, eine Anzeige für ihn erschien nicht. Im in- und ausländischen Blätterwald rauschte es gewaltig, mal contra Kleist, mal contra Henriette Vogel. Eine gutgemeinte, aber nicht nur ihres bräsigen Tons wegen mißlungene Schrift, die Peguilhen zur Rechtfertigung der beiden Toten dem Publikum vollmundig versprochen hatte, blieb ungedruckt; der König hatte am 27. November die Publikation verbieten lassen.

1848 kündigte Kleists erster Biograph Eduard von Bülow an, daß er »mit einigen anderen Verehrern seiner [Kleists] Muse, einen Denkstein setzen lasse. Derselbe ist ein unbehauener Granitwürfel, mit Kleists Namen, Geburts- und Todestag und steht neben der Eiche an seinem Grabe.« Einige Jahrzehnte später wurde

150 Zu Mittag [des 22. November] war [...] der Herr Kriegsrath Peguilhen wieder bei uns und ließ dicht neben beide Toten ein großes Grab graben, mit dem Bemerken, daß er zwei Särge von Berlin schicken würde, worin beide in die Grube neben einander begraben werden sollten. Um 2 Uhr Nachmittag, den 22ten, kamen der Herr Hof-Medikus und Polizei-Offizianten von Berlin, nahmen alles zu Protokoll, ließen die Leichen nach dem kleinen Hause bringen; und daselbst öffnen, und untersuchen. Hernach wurden beide in die bestimmte Särge gelegt, und abends um 10 Uhr in ihre Ruhestätte begraben.
Johann Friedrich Stimming

die Grabstelle mit einem Eisengitter eingezäunt und der Gedenkstein um einen kleineren, so Fontane 1889, »pultartig zugeschrägten Marmor« ergänzt. Anfang des Jahres 1904 witterte der Hohenzollernprinz Friedrich Leopold, dem der Wald am Kleinen Wannsee gehörte, ein fettes Geschäft. Für zwei Millionen Mark wollte er das Terrain verkaufen, die Grabstelle sollte irgendwohin fernab vom See zwischen Bahnlinie und Landstraße verlegt werden. Die öffentliche Meinung war empört.

87 Das Grab Heinrich von Kleists im 19. Jahrhundert

Die Angelegenheit drang bis ins Parlament. Erst als dort der Antrag zur Abstimmung anstand, die Grabstelle durch staatlichen Ankauf zu sichern, knickte der Prinz ein und ließ das Hofmarschallamt kurzerhand erklären, Seine Hoheit mache das Grab »der deutschen Nation zum Geschenk«. Mitte der dreißiger Jahre wurde der Marmorstein entfernt, der größere Stein erneuert. Seit 1941 trägt er, neben Kleists Namen und Lebensdaten (»Geboren 18. Oktober 1777 [...]«), als Inschrift das ›Homburg‹-Zitat »Nun, o Unsterblichkeit, bist du ganz mein.« Heute ist die Stelle von den Grundstücken zweier Berliner Wassersportvereine umrahmt.

Ich weiß, wenn ich mich mit Kleist einlasse, dann flirte ich mit der Hölle. Ich tue es nicht gern. Wenn ich es aber tue, dann kommen mir eher als bei dem edlen Schiller und dem weisen Goethe und dem prächtigen Lessing leider die Begeisterungstränen.

Sebastian Haffner, 1980

Zeittafel

1777 Bernd Heinrich Wilhelm von Kleist am 10. oder 18. Oktober in Frankfurt/Oder als ältester Sohn des Stabskapitäns Joachim Friedrich von Kleist und dessen zweiter Frau Juliane Ulrike geboren. Erster Unterricht durch einen Hauslehrer.

1788 Januar bis Mai bei hugenottischen Erziehern in Berlin; Tod des Vaters.

1792 Eintritt in das Potsdamer Garderegiment.

1793 Tod der Mutter.

1795– Mit dem Regiment im »Ersten
1793 Koalitionskrieg« gegen Frankreich (Rheinfeldzug, Belagerung von Mainz).

1796 Reise auf die Insel Rügen; dort Bekanntschaft mit Ludwig von Brockes.

1797– In Potsdam Freundschaft mit Otto
1799 August Rühle von Lilienstern, Ernst von Pfuel, Marie von Kleist und Adolphine von Werdeck; Klarinettist in einem Offiziersquartett; mathematische, naturwissenschaftliche und philosophische Studien bei einem Privatlehrer; Harzreise mit Regimentskameraden.

1799 Abschied vom Militär; Immatrikulation an der Universität Frankfurt/Oder; mit Geschwistern Reise ins Riesengebirge.

1800 Inoffizielle Verlobung mit Wilhelmine von Zenge; im Sommer Abbruch des Studiums; Ende August bis Ende Oktober Würzburg-Reise mit Ludwig von Brockes; ab November Hospitant bei der Technischen Deputation in Berlin; Kurzbesuch in Frankfurt/Oder.

1801 Gesellschaftlicher Umgang mit Berliner Kaufmannsfamilien und Gelehrten; Orientierungskrise; mit der Schwester Ulrike Reise über Dresden nach Paris; Juli bis Mitte November in der französischen Hauptstadt; auf der Rückreise Trennung der Geschwister in Frankfurt/Main; Wanderung mit Friedrich Lose nach Basel, von dort alleine weiter nach Bern.

1802 Freundschaft mit Heinrich Zschokke, Ludwig Wieland und Heinrich Geßner; Pläne zum Kauf eines Landguts; ab April auf einer Insel im Thuner See; Arbeit am ›Robert Guiskard‹ und an der ›Familie Schroffenstein‹; im Mai Lösung des Verlöbnisses mit Wilhelmine von Zenge; krankheitshalber zweimonatiger Aufenthalt in Bern; Mitte Oktober mit Ulrike von Kleist und Ludwig Wieland nach Weimar; zum Jahresende bei Geßner die Buchausgabe der ›Familie Schroffenstein‹.

1803 Januar bis Ende Februar bei Christoph Martin Wieland auf dessen Gut Oßmannstedt; März und April in Leipzig, Deklamationsunterricht; April bis Juli in Dresden; mit Ernst von Pfuel Reise in die Schweiz; in Begleitung des Ehepaars Werdeck nach Oberitalien; mit Pfuel nach Paris; Vernichtung des ›Guiskard‹-Manuskripts; an der französischen Kanalküste wegen beabsichtigter Teilnahme an einer napoleonischen Invasion Englands; Rückreisebefehl nach

Preußen; angeblich in Mainz bei dem Arzt Georg Wedekind in Pflege.

1804 Am 9. Januar Uraufführung der ›Familie Schroffenstein‹ in Graz; Mitte Juni Ankunft in Berlin; Bewerbung um Aufnahme in den Staatsdienst; Angebot eines diplomatischen Postens in Spanien; Vermittlung an Karl von Stein zum Altenstein.

1805 Arbeit im Finanzdepartement unter Altenstein; ab Mai zur weiteren beruflichen Ausbildung an der Domänenkammer in Königsberg; Bekanntschaft mit preußischen Reformpolitikern und Vorlesungsbesuche bei Christian Jakob Kraus.

1806 Wiederbegegnung mit Wilhelmine von Zenge; Arbeit am ›Zerbrochnen Krug‹ und am ›Amphitryon‹, Beginn der ›Penthesilea‹; Bewilligung eines sechsmonatigen Genesungsurlaubs ab August; mehrere Wochen zur Kur im ostpreußischen Seebad Pillau.

1807 Wanderung von Königsberg nach Berlin, dort am 30. Januar unter Spionageverdacht verhaftet; in französischer Gefangenschaft auf der Jura-Festung Fort de Joux und in Châlons-sur-Marne; Anfang Mai Veröffentlichung des ›Amphitryon‹ in Dresden; nach der Entlassung zwischen Ende Juli und Ende August über Berlin nach Dresden; freundschaftlicher Umgang mit Rühle, Pfuel und Adam Müller; gescheiterte Gründung eines Verlags- und Buchhandelsunternehmens; Abschluß der ›Penthesilea‹.

1808 Mit Müller Herausgabe des Journals ›Phöbus‹; am 2. März mißlungene Uraufführung des ›Zerbrochnen Krugs‹ durch Goethe in Weimar; Ende März Finanzkrise des ›Phöbus‹; Druck der ›Penthesilea‹, zunächst im Selbstverlag, dann mit Cottas Unterstützung; im Oktober Verlagswechsel des ›Phöbus‹; Beendigung der ›Herrmannsschlacht‹.

1809 Arbeit an politischer Lyrik und Prosa; im März die letzte Lieferung des ›Phöbus‹; Ende April mit Friedrich Christoph Dahlmann nach Prag und Znaim; Besichtigung des Schlachtfelds von Aspern; in Prag Pläne zur Gründung der antinapoleonischen Zeitschrift ›Germania‹; Gerüchte über Kleists angeblichen Tod; Ende November in Frankfurt/Oder, im Dezember in Berlin.

1810 Ab Februar in Berlin; Umgang mit Adam Müller, Achim von Arnim und Clemens Brentano, gesellschaftliche Kontakte zu Altenstein und dem Ehepaar Staegemann; am Geburtstag von Königin Luise (10. März) Überreichung eines Widmungsgedichts; 17. März Uraufführung des ›Käthchen von Heilbronn‹ in Wien; Auseinandersetzung mit August Wilhelm Iffland; zur Herbstmesse im Verlag Georg Andreas Reimers ›Das Käthchen von Heilbronn‹ und der erste Band der ›Erzählungen‹; ab 1. Oktober Herausgabe und Redaktion der täglich außer sonntags erscheinenden ›Berliner Abendblätter‹.

1811 Anfang Februar »Der zerbrochne Krug« als Buch; am 30. März die letzte Nummer der ›Berliner Abendblätter‹; Anfang August der zweite Band der ›Erzählungen‹; Gesuch um Wiederaufnahme in die Armee; Zerwürfnis mit der Familie; ab Herbst enge Verbindung mit Henriette Vogel; am 21. November Freitod mit Henriette Vogel am Kleinen Wannsee bei Potsdam.

Bibliographie:

Ausgaben:

Heinrich von Kleist. Sämtliche Werke und Briefe. Hrsg. von Helmut Sembdner. 2 Bände. 9. Aufl. München 1993.
Heinrich von Kleist. Sämtliche Werke und Briefe in vier Bänden. Hrsg. von Ilse-Marie Barth, Klaus Müller-Salget, Stefan Ormanns und Hinrich C. Seeba. Frankfurt/Main 1987–1997.
H. v. Kleist. Brandenburger [1988–1991: Berliner] Ausgabe. Kritische Edition sämtlicher Texte nach Wortlaut, Orthographie, Zeichensetzung aller erhaltenen Handschriften und Drucke. Hrsg. von Roland Reuß und Peter Staengle. Basel und Frankfurt/Main 1988ff. [bisher 12 Bände]. – Subskription über den Buchhandel oder direkt bei: Stroemfeld Verlag, Holzhausenstraße 4, 60322 Frankfurt/Main.

Bibliographien:

Eva Rothe: Kleist-Bibliographie 1945–1960. In: Jahrbuch der Deutschen Schillergesellschaft 5. 1961. S. 414–547.
Helmut G. Hermann: Der Dramatiker Heinrich von Kleist. Eine Bibliographie. In: Walter Hinderer (Hrsg.): Kleists Dramen. Neue Interpretationen. Stuttgart 1981, S. 238–289.
Kleist-Archiv Sembdner der Stadt Heilbronn. Bestandsverzeichnis. Bearb. von Brigitte Schillbach. Heilbronn 1994. – Fortgesetzt in: Heilbronner Kleist-Blätter. Heilbronn 1996ff. – auch: http://www.kleist.org/bibl/index.htm)

Dokumentationen:

Heinrich von Kleists Lebensspuren. Dokumente und Berichte der Zeitgenossen. Hrsg. von Helmut Sembdner. München 1996.
Heinrich von Kleist. Der Dichter über sein Werk. Hrsg. von Helmut Sembdner. 2. Aufl. Darmstadt 1996.
Heinrich von Kleists Nachruhm. Eine Wirkungsgeschichte in Dokumenten. Hrsg. von Helmut Sembdner. München 1996.
Schriftsteller über Kleist. Eine Dokumentation. Hrsg. von Peter Goldammer. Berlin und Weimar 1976.
Heinrich von Kleist. Leben und Werk im Bild. Hrsg. von Eberhard Siebert. Frankfurt/Main 1980.

Gesamtdarstellungen:

Klaus Birkenhauer: Kleist. Tübingen 1977.
Karl Federn: Das Leben Heinrich von Kleists. Berlin 1929.
Klaus Günzel: Kleist. Ein Lebensbild in Briefen und zeitgenössischen Berichten. Berlin 1984.
Wolf Kittler: Die Geburt des Partisanen aus dem Geist der Poesie. Heinrich von Kleist und die Strategie der Befreiungskriege. Freiburg 1987.
Hans Joachim Kreutzer: Die dichterische Entwicklung Heinrichs von Kleist. Untersuchungen zu seinen Briefen und zu Chronologie und Aufbau seiner Werke. Berlin 1968.

Rudolf Loch: Heinrich von Kleist. Leben und Werk. Leipzig 1978.
Thomas Wichmann: Heinrich von Kleist. Stuttgart 1988.
Hans Dieter Zimmermann: Heinrich von Kleist. Eine Biographie. Reinbek bei Hamburg 1991.

Zu einzelnen Werkgruppen:

Walter Hinderer (Hrsg.): Kleists Dramen. Neue Interpretationen. Stuttgart 1981.
Walter Hinderer (Hrsg.): Kleists Dramen. Stuttgart 1997.
Bernd Fischer: Ironische Metaphysik. Die Erzählungen Heinrich von Kleists. München 1988.
Peter Horn: Heinrich von Kleists Erzählungen. Eine Einführung. Königstein 1978.
Michael Moering: Witz und Ironie in der Prosa Heinrich von Kleists. München 1972.
Walter Hettche: Heinrich von Kleists Lyrik. Frankfurt/Main, Bern, New York 1986.

Erstausgaben:

›**Die Familie Schroffenstein.** Ein Trauerspiel in fünf Aufzügen.‹ Bern und Zürich 1803 [erschienen Ende 1802].
›**Heinrich von Kleists Amphitryon**, ein Lustspiel nach Moliere. Herausgegeben von Adam H. Müller.‹ Dresden [Anfang Mai 1807].
›**Phöbus.** Ein Journal für die Kunst. Herausgegeben von Heinrich v. Kleist und Adam H. Müller.‹ Dresden [Januar 1808 bis März 1809, 12 Hefte].
›**Penthesilea.** Ein Trauerspiel von Heinrich von Kleist.‹ Tübingen [zwischen Ende Juli und Anfang September 1808]. (NA 1997 in der dtv Bibliothek der Erstausgaben)
›**Erzählungen.** Von Heinrich von Kleist. Michael Kohlhaas (aus einer alten Chronik), Die Marquise von O..., Das Erdbeben in Chili.‹ Berlin 1810 [Ende September]. (›Michael Kohlhaas‹ NA 1997 in der dtv Bibliothek der Erstausgaben)
›**Das Käthchen von Heilbronn** oder die Feuerprobe, ein großes historisches Ritterschauspiel von Heinrich von Kleist. Aufgeführt auf dem Theater an der Wien den 17., 18. und 19. März 1810.‹ Berlin 1810 [Ende September].
›**Berliner Abendblätter**‹ [1.10.1810 bis 30.3.1811].
›**Der zerbrochne Krug**, ein Lustspiel, von Heinrich von Kleist.‹ Berlin 1811 [Anfang Februar]. (NA 1997 in der dtv Bibliothek der Erstausgaben)
›**Erzählungen.** Von Heinrich von Kleist. Zweiter Theil. Die Verlobung in St. Domingo, Das Bettelweib von Locarno, Der Findling, Die heilige Cäcilie, oder die Gewalt der Musik (Eine Legende.), Der Zweikampf.‹ Berlin 1811 [Anfang August].
›**Germania an ihre Kinder** von Heinrich von Kleist.‹ Hrsg. von Ernst von Pfuel. Berlin [Anfang März 1813].
›**Heinrich von Kleists hinterlassene Schriften.**‹ Hrsg. von Ludwig Tieck. Berlin 1821. [mit Erstdrucken von ›Prinz Friedrich von Homburg‹ und ›Die Herrmannsschlacht‹].
›**Heinrichs von Kleist Briefe an seine Schwester Ulrike.**‹ Hrsg. von August Koberstein. Berlin 1860.
›**Heinrich von Kleist's politische Schriften** und andere Nachträge zu seinen Werken.‹ Hrsg. von Rudolf Köpke. Berlin 1862.
›**Heinrich von Kleists Briefe an seine Braut.**‹ Hrsg. von Karl Biedermann. Breslau 1884.

Erstaufführungen:

Die Familie Schroffenstein: 9. Januar 1804, Graz
Der zerbrochne Krug: 2. März 1808, Weimar
Das Käthchen von Heilbronn: 17. März 1810, Wien
Prinz Friedrich von Homburg: 3. Oktober 1821, Wien (Bearbeitung unter dem Titel ›Die Schlacht bey Fehrbellin‹)
Die Herrmannsschlacht: 18. Oktober 1860, Breslau
Penthesilea: 25. April 1876, Berlin
Amphitryon: 8. April 1899, Berlin
Robert Guiskard: 6. April 1901, Berlin

Kino-Verfilmungen (Auswahl):

›**Die Marquise von O...**‹ (Uraufführung 1920), Regie: Paul Legband.
›**Amphitryon. Aus den Wolken kommt das Glück**‹ (1935; Dialoge nicht von Kleist), R: Reinhold Schünzel.
›**Der zerbrochne Krug**‹ (1937), R.: Gustav Ucicky, unter künstlerischer Oberleitung von Emil Jannings.
›**Der Findling**‹ **(1967)**, R.: George Moorse.
›**Kohlhaas, der Rebell**‹ **(1969)**, R.: Volker Schlöndorff.
›**Jungfer, sie gefällt mir**‹ **(1969**; frei nach ›Der zerbrochne Krug‹), R: Günter Reisch.
›**San Domingo**‹ **(1970)**, R.: Hans Jürgen Syberberg.
›**Das Erdbeben in Chili**‹ **(1975)**, R.: Helma Sanders.
›**Die Marquise von O...**‹ **(1976)**, R.: Eric Rohmer.
›**Heinrich oder der Tod in Deutschland**‹ (Filmbiographie; 1977), R.: Helma Sanders.

Institutionen:

Kleist-Gedenk- und Forschungsstätte Frankfurt (Oder). Faberstraße 7, 15230 Frankfurt/Oder. http://viadrina.euv-frankfurt-o.de/kleist. Periodikum: ›Beiträge zur Kleist-Forschung‹ (1974ff.)

Kleist-Archiv Sembdner der Stadt Heilbronn. Kirchbrunnenstraße 12, 74072 Heilbronn. http://www.kleist.org (beste Internet-Adresse für Kleist!). Periodikum: ›Heilbronner Kleist-Blätter‹ (1996ff.).

Heinrich-von-Kleist-Gesellschaft. Geschäftsstelle: Faberstraße 7, 15230 Frankfurt/Oder. Periodikum: ›Kleist-Jahrbuch‹ (1980ff.)

Bildnachweis

Schiller-Nationalmuseum/Deutsches Literaturarchiv, Marbach am Neckar Frontispiz
Bildarchiv Preußischer Kulturbesitz 2, 4, 7, 9, 10, 14, 15, 21, 26, 37, 39, 41, 56, 66, 69, 70
Archiv für Kunst und Geschichte Berlin 3, 6, 8, 11, 18, 28, 31, 35, 43, 46, 60, 62, 63, 73, 79, 87
KLEIST-Gedenk- und Forschungsstätte Frankfurt (Oder) 36, 45, 54
Ullstein Bilderdienst 48, 55, 82, 83
Verlag Walter de Gryter & Co., Berlin 71, 72
Freies Deutsches Hochstift, Frankfurter Goethe-Museum, Frankfurt/M. 17
©1998 VG Bild-Kunst, Bonn 52
Die Rechte der hier nicht aufgeführten Abbildungen liegen beim Autor, beim Herausgeber oder konnten nicht ermittelt werden.

Register

Aischylos 84
Altenstein s. Stein
Amalie Maria Anna (Marianne) von Hessen-Homburg 141–142
Arnim, Achim von 13, 27, 117–120, 127, 129–131, 133–134, 140, 144
Arnim, Bettina von, geb. Brentano 13
Arnold, Christoph 83

Bauer, Felice 136
Bauer, Johann Heinrich Ludwig 24
Beckedorff, Ludolph von 127, 145
Bernadotte, Jean Baptiste Jules, Fürst von Pontecorvo 110
Bernhard, Prinz von Sachsen-Weimar 88
Bertuch, Karl 72
Bonaparte, Jerôme 91
Bratring, Friedrich Wilhelm August 27
Brecht, Bertolt 144
Brentano, Auguste 118
Brentano, Clemens 13, 118, 120, 127, 129, 133, 145
Brockes, Ludwig von 40–41, 43, 47
Bülow, Eduard von 15, 32, 150
Buol, Joseph Freiherr von 88, 110, 113–115

Catel, Samuel Heinrich 16
Chamisso, Adalbert von 13, 120
Clausewitz, Carl von 11
Clausius, Minna 8
Collin, Heinrich Joseph von 90, 102, 107, 111
Cölln, Friedrich von 19
Cotta von Cottendorf, Johann Friedrich Freiherr 89, 100, 117

Dahlmann, Friedrich Christoph 13, 29, 112–115
Dörner, Andreas 110

Egmond, Lamoraal Graf von 142
Einsiedel, Georg von 52–53

Falk, Johann Daniel 69, 84, 95–96
Felgentreu, Johann Christian 149
Fontane, Theodor 15, 104, 151
Fouqué, Friedrich de la Motte 10, 13, 69, 81, 120, 125, 127, 129–130, 145
Franz II. 80
Friedel, Peter 10
Friedrich II., der Große, König 15, 17, 18, 25, 141–142
Friedrich Wilhelm III., König 24, 74–75, 80, 141, 145–146
Friedrich Wilhelm, Kurfürst von Brandenburg 141, 142
Friedrich, Caspar David 13, 128
Friedrich, Landgraf von Hessen-Homburg 142

Ganz, Bruno 142
Geßner, Heinrich 58, 62–63, 70, 86
Giraudoux, Jean 83–84
Gleim, Ludwig 53
Gluck, Christoph Willibald 17
Gneisenau, August Wilhelm Anton Graf 106
Goethe, Johann Wolfgang von 17, 58, 88, 90–92, 94–96, 101, 103–104, 109, 131, 142, 151
Görres, Joseph 64
Goya, Francisco 106–107
Grimm, Jacob 13, 128–129
Grimm, Wilhelm 118–119, 128–129, 137–138
Gruner, Justus 123, 125, 130

Gualtieri, Pierre von 22, 75–76
Günderrode, Karoline von 36

Haffner, Sebastian 151
Hafftiz, Peter 135
Hardenberg, Karl August Freiherr von 76, 120, 129–132, 141, 144–145
Hartmann, Ferdinand 90
Haza, Sophie 88
Hebbel, Friedrich 95
Hendel-Schütz, Henriette 98
Herder, Johann Gottfried 17
Hitzig, Julius Eduard 119–120, 124, 131, 144
Hofer, Andreas 106
Hoffmann, E. T. A. 13, 98, 120
Holz, Hans Heinz 64
Humboldt, Wilhelm von 56

Iffland, August Wilhelm 105, 122, 129

Jannings, Emil 97
Jean Paul (eigtl. Johann Paul Friedrich Richter) 85, 90

Kafka, Franz 136
Kaiser, Georg 84
Kant, Immanuel 17, 35, 77
Karl Ludwig Johann, Erzherzog von Österreich 106, 112
Kerr, Alfred 85
Kleist, Auguste von 8, 13
Kleist, Ewald Christian von 10, 12, 15, 53
Kleist, Franz Alexander von 10, 12
Kleist, Friederike von 8, 13
Kleist, Friedrich Wilhelm Christian von 21–22
Kleist, Joachim Friedrich von 8, 11, 12
Kleist, Juliane Ulrike von, geb. von Pannwitz 8, 13
Kleist, Leopold von 8, 13, 18, 29, 32
Kleist, Marie von 22, 75–76, 80, 88, 99, 102–103, 121, 142, 145–147
Kleist, Ulrike von 7, 13, 22, 29–30, 39, 42–43, 45–47, 49–51, 53, 55, 57–58, 61, 66, 68–70, 73–76, 78, 81–82, 86–87, 104, 108, 116, 110, 114, 120–122, 146
Kleist, Wilhelmine von 8, 13
Kunth, Gottlob Johann Christian 26

Köckeritz, Karl Leopold von 73–75
Körner, Christian Gottfried 37, 83, 88–89, 108
Kraus, Christian Jacob 77–78, 129
Krause, Wilhelm 124
Krug, Wilhelm Traugott 31, 71, 78–79
Kügelgen, Gerhard von 90
Kuhn, August 131, 137, 144
Kunze, Emma Juliane (Julie) 37–38, 88

Ledebour, Leopold von 109
Lessing, Gotthold Ephraim 12, 17
Levin-Robert, Rahel 120–121
Linckersdorf, Luise von 21
Loeben, Otto Heinrich Graf von 118, 128
Louis Ferdinand, Prinz von Preußen 143
Lorrain, Claude 51
Lose, Friedrich 52, 56, 58, 70
Luise, Königin von Preußen 121–122

Mann, Thomas 109, 135, 140
Manzel, Dagmar 85
Manzoni, Alessandro 13
Martini, Christian Ernst 16, 23–24, 26
Marwitz, Alexander von der 121
Massenbach, Christian von 76
Massow, Auguste Helene von 19, 116
Michaelis, Rolf 96
Molière (eigtl. Jean-Baptiste Poquelin) 83–84
Montgolfier, Etienne-Jacques de 15
Montgolfier, Michel-Joseph de 15
Müller, Adam 13, 83, 86–87, 89–94, 110, 117, 119, 121, 124, 127–128, 130, 134, 137, 144, 147–148
Müller, Cäcilie 137, 147
Müller, Sophie 137, 147

Napoleon I., Kaiser 104–106, 109, 113–114, 145–146
Nicolai, Friedrich 17, 21
Nietzsche, Friedrich 101

Ompteda, Christian von 128

Pannwitz, Karl von 16
Pannwitz, Wilhelm von 61
Peymann, Claus 108

Pfuel, Adolf Heinrich Ernst von   23–24, 69–70, 72, 78, 80–81, 86, 88, 100, 110, 112, 133

Raumer, Friedrich von   132
Reimer, Georg Andreas   96, 104–105, 118, 122–123, 132, 137, 142, 145
Rohmer, Eric   136
Rotrou, Jean   84
Rousseau, Jean-Jacques   17, 54–55
Rühle von Lilienstern, Johann Jakob August Otto   23, 69, 79–80, 82–83, 86–87
Runge, Philipp Otto   13

Scharnhorst, Gerhard Johann David von   24, 106
Schelling, Friedrich Wilhelm   13
Schill, Ferdinand von   106
Schiller, Friedrich   17, 39, 76, 101, 104, 151
Schinkel, Karl Friedrich   13, 105
Schlegel, Friedrich   90
Schleiermacher, Friedrich   90
Schlieben, Henriette von   37, 52, 68
Schlieben, Karoline von   37, 52, 68
Schlöndorff, Volker   135
Schlösser, Rainer   108
Schlotheim, Hartmann von   117, 122
Schubert, Gotthilf Heinrich   89, 103
Schulz, Friedrich   128
Schumacher, Horst   151
Schütz, Wilhelm von   117
Schwarze, Rudolf   11
Smith, Adam   77–78
Sophokles   84
Stadler, Ernst   101
Staegemann, Friedrich August von   120, 124, 127
Staegemann, Elisabeth   120
Stein zum Altenstein, Karl Freiherr von   76, 78–80, 120
Stein, Heinrich Friedrich Karl Reichsfreiherr vom und zum   73, 106
Stimming, Johann Friedrich   148, 150
Stock, Dora   88
Strauß, Botho   143
Struensee, Carlsbach, Carl August von   39–40, 43
Szondi, Peter   62

Tieck, Ludwig   13, 48, 108, 121, 134
Toussaint Louverture, François Dominique   82

Varnhagen von Ense, Karl August   100, 120, 125
Vogel, Henriette Sophie Adolphine, geb. Keber   7, 147–150
Vogel, Ludwig   147–148, 150
Voß, Johann Heinrich   47

Wackenroder, Wilhelm   13
Walser, Robert   7
Wedekind, Georg   66, 72
Wellington, Arthur Wellesley, Herzog von W.   144
Werdeck, Adolphine von   22, 107
Wetzel, Friedrich Gottlob   89, 128
Wieland, Christoph Martin   9, 20, 38, 59, 61, 66–68, 72, 84, 90, 104
Wieland, Ludwig   58–63, 60, 66
Wieland, Luise   38, 68, 95
Wilhelm (Friedrich Wilhelm Karl, Bruder Friedrich Wilhelms III.), Prinz von Preußen   141–142, 144
Winckelmann, Johann Joachim   101
Wirth, Joseph   41
Wolf, Christa   36
Wolfart, Karl   118, 128
Wolfenstein, Alfred   140
Wulffen, Karoline Luise von   13
Wünsch, Christian Ernst   29, 32

Zenge, Charlotte Margarethe von   31
Zenge, Charlotte von   32
Zenge, Hartmann von   32, 42
Zenge, Karl von   39, 47, 50
Zenge, Luise von   32–33, 56, 78–79
Zenge, Wilhelmine Charlotte von   10, 28, 30, 32–36, 39–41, 43, 46–48, 51–52, 54, 61, 71, 78–79, 104
Ziegler, Clara   98
Zschokke, Heinrich   57–60, 62, 97
Zweig, Stefan   111

dtv portrait

Herausgegeben von
Martin Sulzer-Reichel

Hildegard von Bingen
Von Michaela Diers
dtv 31008
April 1998

Otto von Bismarck
Von Theo Schwarzmüller
dtv 31000
April 1998

Georg Büchner
Von Jürgen Seidel
dtv 31001
April 1998

Annette von Droste-Hülshoff
Von Winfried Freund
dtv 31002
April 1998

Elisabeth von Österreich
Von Martha Schad
dtv 31006
Juni 1998

Theodor Fontane
Von Cord Beintmann
dtv 31003
April 1998

Heinrich von Kleist
Von Peter Staengle
dtv 31009
September 1998

Gotthold Ephraim Lessing
Von Gisbert Ter-Nedden
dtv 31004
August 1998

Stéphane Mallarmé
Von Hans Therre
dtv 31007
Juli 1998

Rainer Maria Rilke
Von Stefan Schank
dtv 31005
Mai 1998

dtv